젊은 목회자 한 사람이 아픔이 많은 교회로 부임해 눈물과 진실함으로 쏟아 낸 설교가 책으로 나왔습니다. 진정성이 사라진 시대가 되었지만, 이 설교에는 혼신이 담겨 있습니다.

고통은 해석이 잘 안 됩니다. 그러나 룻의 이야기를 통해 우리는 고통을 대할 여유를 얻으며 하나님의 섭리와 역사를 새롭게 기대하게 됩니다. 아무쪼록 고통으로 당황하며 신음하는 이들에게, 쉽지만 마음을 울리는 언어로 쓰인 이 설교집이 새로운 삶의 희망과 이유를 깨닫게 해 주는 도구가 되길 바라며 이 책을 기쁜 맘으로 추천합니다.

김종호 목사(한국기독학생회 대표)

조영민 목사는 대학 때 IVF에서 성경 연구의 맛을 보고 총신대학교 신학대학원에 들어와 성경 신학에 매료된 후에 내수동교회와 분당우리교회에서 부교역자 생활을 하는 가운데 청년들을 대상으로 설교하면서 부흥을 경험한 목회자입니다. 그뿐 아니라 최근 나눔교회를 담임목사로 섬기면서 설교를 통해 교회를 회복시키고 있는 훌륭한 설교자입니다.

이 책을 읽어 보면 알 수 있지만, 조 목사의 설교는 성경 본문의 탄탄한 주해에 근거하고 있기에 성경적일 뿐 아니라 은혜스럽기까지 합니다. 세상 사는 처세술이나 지혜를 담은 종교적 담론이 아니라, 성경 본문에서 우러 나오는 복음적 메시지이기에 듣는 이들의 마음에 성경적인 감동을 줍니다. 또한 그의 강해는 본문 주해에 근거하지만 그렇다고 해서 본문에 대한 건조하고 구태의연한 해설을 나열하지 않습니다. 삶 속에서 치열하게 살아가는 교인들의 고민을 이해하고 성경으로 이를 해결하기 위한 고뇌가 담겨 있기까지 합니다. 그렇기에 이 책은 독자들이 스스로를 돌아볼 수 있는 삶의 성찰과 지혜가 듬뿍 담겨 있습니다.

특별히 〈룻기〉는 각자 자기 소견에 옳은 대로 행하던 시기에 베들레헴에서 일어난 두 사람의 헤세드로 한 가련한 여인의 삶이 풍요로워지는 이야기를 담고 있습니다. 남편과 두 아들을 잃고 고향으로 돌아오는 나오미의 삶을 하나님께서 룻과 보아스라는 두 사람의 인애를 통해 채우시는 은혜와 사랑이 가득 찬 스토리입니다. 오늘날 한국 교회와 교우들이 사사 시대처럼 영적 기근으로 고통을 당하는 시기에 무엇보다 귀담아들어야 할 말씀이 바로 〈룻기〉가 아닌가 생각합니다. 설교를 통해 교회를 회복시키고 있는 조 목사의 읽는 설교 《룻기》가 한국 교회 강단과 교우들의 삶을 풍성하게 할 것이라 사료되기에 강력하게 일독을 추천하는 바입니다.

김지찬 교수 (총신대학교 신학대학원 구약학)

오늘날 우리는 마음만 먹으면 인터넷과 기독교 방송을 통해 다양한 설교를 쉽게 접할 수 있는 설교의 홍수 시대를 살고 있습니다. 그런데 그 많은 설교 가운데 진정한 감동과 은혜와 도전이 되는 설교는 그렇게 많지 않습니다. 그래서 하나님 말씀에 대한 갈망이 있으면서도, 설교에 대한 사모함이나 기대가 별로 없는 것 같기도 합니다.

조영민 목사의 설교를 읽으면 쉽게 경험할 수 없는 몇 가지 큰 감동과 기쁨이 있습니다. 무엇보다도 그의 설교에는 겸손함이 있습니다. 대표적인 강해 설교학자, 해돈 로빈슨은 "강해 설교는 방식이 아니라 철학"이라고 했습니다. 다시 말해, 올바른 강해 설교를 위해서는 자신의 주장과 논리를 위해 본문을 이용하는 것이 아니라 철저히 본문에 굴복하는 겸손한 자세가 필요하다고 합니다. 말씀에 무릎을 꿇는 겸손함이 그의 설교 전체를 통해 흐르고 있습니다.

조 목사의 설교에는 신선함이 있습니다. 뻔함과 구태의연함은 효과적이고 설득력 있는 설교의 최대 적입니다. 본문을 주해하고 적용함에 있어서 뻔함과 쉬운 예측을 넘어서는 창조성이 있어야 합니다. 조 목사는 〈룻기〉의 바르고 깊이 있는 주해와 구체적이고 실제적인 적용을 통해 풋풋하면서도 영혼을 상큼하게 하는 신선한 메시지를 전하고 있습니다.

조 목사의 설교에는 진실함이 있습니다. 감동과 능력이 나타나는 설교에서 진실함보다 더 큰 무기는 없습니다. 그의 설교에는 가식이나 억지나 속임이 없습니다. 그는 신학대학원 시절부터 지금까지 함께 교제해 온 제자입니다. 저는 그의 삶과 인격과 신앙을 알고 있습니다. 그런 그의 삶과 인격과 신앙이 그의 설교에 그대로 드러납니다.

조 목사의 설교에는 교회에 대한 소원과 고민과 안타까움이 있습니다. 교회는 성경에서 말씀하는 바른 모습을 통해 이 시대의 '대안 공동체'가 되어야 합니다. 그것은 교회가 결코 양보할 수 없는 중요한 사명입니다. 그는 특별히 〈룻기〉의 베들레헴을 교회로 이해하면서 이 시대에 교회가 보여 주어야 할 참 모습과 교회의 진정한 사명이 무엇인지 분명하게 제시하고 있습니다.

조 목사의 설교에는 복음이 있습니다. 설교가 복음적이어야 한다는 것은 어떠한 경우에도 양보할 수 없는 설교의 본질입니다. 그런데 구약을 설교하면서 복음을 제대로 전하는 것은 결코 쉽지 않습니다. 억지와 무리가 있을 때가 많습니다. 그런데 조 목사는 〈룻기〉를 통해 자연스럽고 바르게 복음과 그리스도를 제시하고 있습니다.

주 안에서 동역자요 제자인 조 목사의 설교집 출간을 진심으로 축하하며, 이 설교집이 한국 교회 강단과 성도들에게 도전과 힘이 되기를 간절히 기도합니다.

김창훈 교수(총신대학교 신학대학원 설교학)

오늘날 우리는 정보의 홍수 속을 살고 있습니다. 쏟아지는 정보의 양은 과거와 비교할 수 없을 만큼 많고, 얻을 수 있는 방법도 쉬워졌습니다. 이제 성도들 역시 누구든 원하기만 하면, 유명하다 하는 설교자의 메시지를 취사선택해서 들을 수 있습니다. 어느 때건 어느 장소에서건 원하는 말씀을 들을 수 있는 시대, 어쩌면 이전의 믿음의 선배들이 꿈꾸던 '넘쳐 나는 말씀의 시대'를 산다고도 할 수 있습니다. 그러나 저는 이 '풍요의 시대'를 사는 성도들의 삶이 점점 더 영적으로 피폐해져 가는 것을 보고 있습니다. 그리고 〈룻기〉는 그 질문에 대한 답을 들려줍니다.

저자가 분당우리교회에서 사역할 때 늘 치열하게 말씀을 붙들고 사역했었는데, 담임 목사로 부임해 간 이후에 〈룻기〉를 본문으로 강해한다는 소식을 들었습니다. 그리고 이 말씀을 전하는 동안 교회 안에 치유와 회복이 있었다는 것을 들을 수 있었습니다. 이 메시지가 한 교회라는 공간을 넘어, 책이라는 매체를 통해 사람들에게 읽혀질 수 있게 되어 기쁩니다.

이 책은 현재 조국 교회와 성도의 빈곤을 '빵이 없는 빵집'이기 때문이라고 진단합니다. 그리고 이 기근이 해결될 수 있는 유일한 길은 '진짜 빵'이 돌아오는 것이라고 전합니다. 빵 냄새가 아닌 오직 진짜 빵으로만 교회는 살아날 수 있다는 메시지입니다. 독자들이 진지하게 이 글을 읽어 나가신다면 이 땅을 향한 하나님의 헤세드와 이 땅을 살아가며 우리가 드러내야 하는 헤세드가 무엇인지 경험할 것입니다. 또 텅 빈 마음으로 통곡하는 나오미를 생명으로 채우신 하나님께서 오늘도 통곡하는 수많은 나오미들을 참된 위로와 생명으로 채우실 것을 기대합니다. 부디 이 아름다운 이야기가 사람들에게 읽히고 들려지기를 소원하며 기쁜 마음으로 추천합니다.

이찬수 목사(분당우리교회)

책을 읽는 내내 행복했습니다. 이 책은 본문에 충실하면서도 기독론적이고 구원론적인 해석과 우리가 사는 시대적 적실성을 가진 적용이 담겨 있습니다. 그리고 저자가 목회 현장에서 경험하는 목회적 경험들의 진솔한 나눔 등으로 내용이 알찬 참 좋은 설교집입니다. 오늘날처럼 사랑을 자기중심적이고 이기적인 관점에서만 접근하는 마음 아픈 시대에, 상대방의 행복을 빌며 자신을 헌신하고 희생할 줄 아는 사랑을 이 책을 통해 사람들이 많이 배우기를 기대합니다. 또한 이 책을 통해 사랑이 사랑을 낳고, 룻의 사랑이 보아스의 헤세드를 만나는 것처럼 그런 감동 있고 따뜻한 사랑이 조국 교회마다, 강산 구석구석마다 넘쳐나기를 바랍니다. 이런 마음으로 이 책을 즐겁게 추천합니다.

화종부 목사(남서울교회)

읽는 설교

룻기
Ruth

조영민 지음

죠이북스

(주)죠이북스는 그리스도를 대신한 사신으로
문서를 통한 지상명령 성취와 하나님 나라 확장을 위해 노력합니다.

읽는 설교 룻기
ⓒ 2015 조영민

이 책의 저작권은 저자와 죠이북스에 있습니다.
신 저작권법에 의하여 한국 내에서 보호받는 저작물이므로 무단 전재와 무단 복제를 금합니다.

읽는 설교

룻기
Ruth

조영민 지음

죠이북스

차/례

추천사
들어가는 글   _10

1. 빵집에 빵이 없으므로   _13
2. 죽는 일 외에는   _39
3. 나는 마라입니다   _59
4. 사랑이 사랑을 낳고   _77
5. 아, 보아스   _99
6. 눈이 밝아지다   _117
7. 그가 쉬지 않으리라   _137
8. 아무개여   _155
9. 하나님은 실수하지 않으심이라   _175

들어가는 글

처음부터 〈룻기〉 전체를 강해할 생각이나 강해한 설교를 책으로 만들 생각은 하지 않았습니다. 그저 저는 담임 목사가 되어 처음 부임한 교회에서 제가 생각하는 이 시대의 교회 문제와 그 문제의 유일한 해결책이신 예수 그리스도에 대한 설교를 하고 싶었습니다. 그러다가 〈룻기〉 1장에 있는 한 구절을 전한 메시지가 이 책의 **시작**이 되었습니다.

새로 부임한 담임 목사가 처음 설교한 날이었기 때문이었을까요? 성도들이 말씀 앞에서 눈물로 반응했습니다. 처음 원고를 준비할 때는 그렇게 우실 만한 내용은 아니라고 생각했는데 성도들이 보인 격한 반응 때문에, 저는 〈룻기〉 전체 본문을 찬찬히 다시 읽을 수밖에 없었습니다. 신기하게도 이 오래된 이야기가 제 마음에 무언가를 말하기 시작했습니다.

텅 빈 마음을 가진 **나오미**는 실은 우리 시대 성도들의 자화상이었습니다. 시어머니를 돕는 며느리 **룻** 또한 이 시대에 사랑을 포기하지 않는 신실한 사람들의 다른 이름이었습니다. 이들의 공허를 채우며 수고를 쉬게 하는

보아스는, 오늘도 공허와 수고 가운데 있는 성도들에게 찾아와 참된 만족과 쉼으로 이끄시는 예수 그리스도셨습니다. 저는 구약의 가장 어두운 시기였던 사사들의 통치 시대에 있는 이 따뜻한 회복의 이야기가 어쩌면 오늘을 살고 있는 성도들에게 가장 필요한 이야기일 수 있겠다는 생각을 했습니다. 말씀이 선포되는 동안에 오랫동안 생명의 빵에 굶주렸던 사람들이 그 빵으로 충만해지는 것을 경험했습니다. 텅 빈 가슴을 부여잡고 울며 버티던 성도들이 텅 빈 가슴을 생명으로 채우고 웃는 것을 보았습니다. 나오미와 룻에게 찾아와 은혜의 날개로 덮으셨던 하나님께서 오늘 우리 성도들을 덮으셨던 것입니다.

전혀 의도하지 않았던 설교 원고가 한 권의 책이 되어 다른 사람들에게 읽힌다고 했을 때, 제가 기대하고 기도하는 바는 이것입니다. 처음 이 메시지가 선포될 때 텅 빈 가슴들을 채우셨던 하나님께서 우리의 텅 빈 가슴도 채우시기를 말입니다. 그분의 날개 아래서만 쉼을 얻을 수 있는 우리 영혼이 참된 쉼을 누리기를 말입니다.

강단에서 선포하기 위한 글이었던 원고를 책글로 바꾸기 위해 한 문장 한 문장을 장인의 수고로 편집해 주신 이성민 편집장님과 '읽는 설교 시리즈' 중 한 권으로 이 책을 선정해 준 김동신 본부장님께도 감사드립니다. 한 권의 책이 얼마나 많은 이의 수고로 만들어지는지 배우는 시간이었습니다. 끝으로 부임 첫 주부터, 〈룻기〉라는 생소한 본문으로 강해 설교를 한 저를 기쁜 맘으로 받아 주신 나눔교회 성도들과 넘치는 은혜로 오늘도 생명의 떡이 되셔서 우리를 먹이시는 우리 하나님께 감사의 말씀을 전합니다.

조영민 (나눔교회, 담임 목사)

룻기 1장 1-6절

사사들이 치리하던 때에 그 땅에 흉년이 드니라 유다 베들레헴에 한 사람이 그의 아내와 두 아들을 데리고 모압 지방에 가서 거류하였는데 그 사람의 이름은 엘리멜렉이요 그의 아내의 이름은 나오미요 그의 두 아들의 이름은 말론과 기룐이니 유다 베들레헴 에브랏 사람들이더라 그들이 모압 지방에 들어가서 거기 살더니 나오미의 남편 엘리멜렉이 죽고 나오미와 그의 두 아들이 남았으며 그들은 모압 여자 중에서 그들의 아내를 맞이하였는데 하나의 이름은 오르바요 하나의 이름은 룻이더라 그들이 거기에 거주한 지 십 년쯤에 말론과 기룐 두 사람이 다 죽고 그 여인은 두 아들과 남편의 뒤에 남았더라 그 여인이 모압 지방에서 여호와께서 자기 백성을 돌보시사 그들에게 양식을 주셨다 함을 듣고 이에 두 며느리와 함께 일어나 모압 지방에서 돌아오려 하여

1
빵집에
빵이
없으므로

〈룻기〉라는 책, 개인적인 것 같으나 역사적인 이야기

〈룻기〉는 참 아름다운 이야기를 담고 있습니다. 룻과 보아스라는 아름다운 두 사람의 사랑과 결혼이라는 관점으로 읽을 때, 이 이야기는 연애 소설처럼 읽힙니다. 그래서인지 예술가들이 〈룻기〉에서 영감을 얻어, 미술이나 음악 작품을 만들었습니다. 단테, 버니언, 밀턴, 키츠 등이 〈룻기〉에서 얻은 영감을 예술로 승화시켰습니다.

그러나 〈룻기〉는 개인적인 사랑 이야기를 다룬 책이 아닙니다. 〈룻기〉가 단지 사랑만을 다룬 이야기라면, 〈룻기〉의 결론이 다윗의 족보를 언급하며 끝나지 않을 것입니다. 〈룻기〉는 좀 더 넓고 깊은 이야기를 다룬 책입니다. 앞으로 〈룻기〉를 살펴보면서 알게 되겠지만, 우리가 이 책을 단순하게 연애 이야기로 읽을 때 그 안의 풍성함을 다 잃어버릴 수 있습니다.

〈룻기〉는 이스라엘 민족에게 '오축'이라 불리는 낭송시입니다. 이스라엘 백성은 매년 오순절에 이 노래를 불렀습니다. 그들은 〈룻기〉를 노래하며 하나님의 크신 은혜, 넘치는 사랑(헤세드)에 대한 감격을 고백했습니다. 〈룻기〉는 이스라엘 백성이 수천 년 동안 불러 온 민족적인 노래입니다. 〈룻기〉가 다루고 있는 내용이 한 가정을 넘어 이스라엘과 하나님 나라 모든 백성이 고백해야 하는 진리를 담고 있기 때문입니다. 또한 구약 성경의 핵심인 인애(헤세드)가 어떤 것인지를 보여 주기 때문입니다.

〈룻기〉의 풍부한 내용을 어떻게 알 수 있을까요? 〈룻기〉의 주인공이 누구이며, 핵심 사건이 무엇인지를 알면 됩니다. 그렇다면, 〈룻기〉의 주인공이 누구일까요? 대부분의 성도는 **룻**이라고 대답할 것입니다. 그런데 아닙니다. 〈룻기〉의 주인공은 **나오미**와 **보아스**입니다. 비중으로 보면 나오미가 더 중요한 배역을 맡고 있습니다. 왜냐하면 나오미의 **텅 빈 것**으로 1장이 시작되고, 나오미가 **가득 찬 것**으로 마지막 장인 4장이 마무리되고 있기 때문입니다. 〈룻기〉는 시작도 끝도 나오미에게 맞춰져 있습니다. 〈룻기〉는 늙은 시어머니 나오미라는 인생이 어떻게 텅 비었는지와 그 텅 빈 여인이 어떻게 채워졌는지에 대한 이야기입니다. 더불어 모든 것을 잃어버리고 스스로 자신을 **마라**(고통)라 부르던 소망 없는 과부 나오미의 텅 빈 것을 채우시는 **보아스**라는 이름의 하나님에 대한 이야기입니다.

배경 같은 이야기

1장 1-6절은 〈룻기〉 전체의 서론이며 배경입니다. 우리는 이 부분을 잘 읽어야 합니다. 왜냐하면 서론에서 이후에 나올 이야기 전체를 해석할 만한 단서들을 발견할 수 있기 때문입니다. 특별히 〈룻기〉는 한 편의 잘 구성

된 문학 작품 같습니다. 서론에 있는 배경을 파악하고 그 배경 속에서 전체 이야기의 큰 그림과 논조를 파악하지 않으면, 이후에 나오는 이야기 전체를 잘못 이해할 수 있습니다. 그래서 우리는 서론을 찬찬히 읽어야 합니다.

먼저, **시간적 배경**이 나와 있습니다. 이 시대는 "사사들이 치리하던 때"(룻 1:1)입니다. 사사들이 다스리던 시대는 이스라엘 역사상 가장 어두웠던 시기입니다. 여호수아와 함께 가나안 땅에 들어온 이스라엘 백성은 여리고를 무너뜨릴 때만 해도 금방 그 땅을 다 점령할 것 같았습니다. 그러나 가나안 정복은 쉽지 않았습니다. 결국 여호수아도 죽고 가나안 정복은 후대가 감당해야 했습니다. 결과적으로 여호수아 이후의 세대는 가나안 민족들과 갈등하고 협력도 하면서 함께 사는 쪽을 선택했습니다. 이스라엘은 가나안 토박이들과 그리스에서 넘어온 해양 민족인 블레셋과 함께 살아야 했고 계속되는 이방 민족들의 공격을 받아야 했습니다. 가끔씩 사사들이 하나님의 능력을 힘입어 땅을 회복하는 것 같았으나 곧이어 다시 타락으로 무너지는 모습을 반복하던 때가 사사 시대였습니다.

〈사사기〉에 나와 있는 연도들을 가지고 사사 시대를 정리하면 410년이라는 기간이 나옵니다. 그러나 사사들이 동시대에 활동한 시기가 있었기 때문에 출애굽 시기와 사울이 왕으로 세워진 시기를 계산해서 328년이라는 기간을 "사사들이 치리하던 시대"라고 할 수 있습니다. 그런데 성경은 이 시기의 특징을 "그때에 이스라엘에 왕이 없으므로 사람이 각각 자기 소견에 옳은 대로 행하였더라"(삿 21:25)라고 했습니다. 사사 시대는 사람들이 각자 자기 마음에 또 자기 눈에 좋을 대로 행하던 시기였습니다. 이스라엘에서 끊임없이 우상 숭배가 일어났으며, 이방 민족들에게 압제를 당했고, 도덕적인 수준이 땅에 떨어져 짓밟혔던 시기입니다. 〈룻기〉는 바로 이 사사들이 치리하던 가장 어두웠던 시대에 일어난 특별한 사건에 대한 기록입니다.

다음으로, **장소적 배경**은 베들레헴입니다. 베들레헴은 예루살렘과 4킬로미터 떨어져 있는 작은 촌락입니다. 우리는 베들레헴이라는 말을 듣자마자 예수 그리스도의 고향을 떠올릴 것입니다. 그러나 너무 급하게 구약의 모든 이야기를 신약의 관점으로 해석하면 안 됩니다. 적어도 일단은 구약 자체가 가지는 결을 살려서 볼 수 있어야 합니다.

그렇다면, 〈룻기〉에서 베들레헴은 어떤 곳일까요? 아직 아무 곳도 아닙니다. 이후에 다윗이 태어나고 예수께서 태어난 장소이긴 하지만, 당시는 아무도 관심을 갖지 않는 이스라엘의 작은 동네일뿐이었습니다. 그런 작은 동네 베들레헴에 큰 흉년이 들었습니다. 베들레헴에 살던 엘리멜렉이 아내 나오미와 두 아들을 데리고 요단 강 건너편 모압으로 이주합니다.

> 사사들이 치리하던 때에 그 땅에 흉년이 드니라 유다 베들레헴에 한 사람이 그의 아내와 두 아들을 데리고 모압 지방에 가서 거류하였는데(1:1)

1절 하반부를 보면 "거류하였는데"라는 표현이 있습니다. 이것은 잠깐 그곳으로 피할 목적을 가지고 머물렀다는 것을 의미합니다. 그러나 그들의 거류는 단순하게 얼마간 기근을 피하는 것으로 끝나지 않았습니다.

그 사람의 이름은 엘리멜렉이요 그의 아내의 이름은 나오미요 그의 두 아들의 이름은 말론과 기룐이니 유다 베들레헴 에브랏 사람들이더라 그들이 모압 지방

에 들어가서 거기 살더니(1:2)

2절 하반부에 보면 "거기 살더니"라는 표현이 나오는데, 이것은 '그곳에 정착해 버렸다'는 의미입니다. 엘리멜렉이 모압에 가 보니 그곳이 너무 좋았습니다. 처음에는 관광 비자, 유학 비자를 내고 갔습니다. 그런데 막상 그곳에서 얼마간 지내니 너무 좋은 것입니다. 엘리멜렉 가족이 갔을 것이라고 예측되는 북부 모압 지역은 유일하게 비가 많이 내리는 고원 지대입니다. 보기에 좋을 뿐 아니라 풍성함에 반했을 것입니다. 그래서 잠깐 거류하려 했던 그 땅에 정착하기를 결정한 것입니다. 이민국에 들어가 영주권 신청을 한 것이지요.

> 나오미의 남편 엘리멜렉이 죽고 나오미와 그의 두 아들이 남았으며 그들은 모압 여자 중에서 그들의 아내를 맞이하였는데 하나의 이름은 오르바요 하나의 이름은 룻이더라 그들이 거기에 거주한 지 십 년쯤에 말론과 기룐 두 사람이 다 죽고 그 여인은 두 아들과 남편의 뒤에 남았더라(1:3-5)

이렇게 이민을 결단한 엘리멜렉, 그의 결정 때문인지 아닌지는 정확하지 않지만 "거기 살더니"라는 단어가 등장한 직후인 3절에서 엘리멜렉은 죽습니다. 여기에 우리말 성경, 개역개정에는 없는 접속사 하나가 원어 성경에 있습니다. 영어로는 Then, 의역하면 '그때에'라는 단어입니다. 다시 말해, 거류에서 이민으로 바뀌는 '그때에' 엘리멜렉이 죽은 것입니다. 나오미는 '그때' 남편을 잃었습니다. 하지만 나오미는 모압을 떠나려 하지는 않습니다. 그녀에게는 아직 두 아들이 있었기 때문입니다. 나오미는 그곳에서 10년쯤 살며, 아들들을 모압 여인들에게 장가보냈습니다. 남편은 없지만 두 아들이 있고, 이제 두 아들을 통해 또 손자들이 태어날 것입니다. 힘든 시간이었지만 그래도 이제는 좀 괜찮아질 것 같았습니다. 그런데 이민 10년 차 되던 해에 장성하여 결혼까지 한 두 아들이 죽었습니다.

베들레헴에서 이주해 온 네 식구 가운데 단 한 명 나오미를 제외하고, 모두 죽은 것입니다. 과부요, 자식마저 없는 나오미, 소망 없는 늙은 나오미만 남은 것입니다. 모든 것을 잃은 나오미의 귀에 들려온 소문이 있습니다.

여호와께서 자기 백성을 돌보시사 그들에게 양식을 주셨다 함을 듣고(1:6)

하나님께서 자기 백성을 돌보셔서 고향 땅 베들레헴에 풍년이 들었다는 것입니다. 나오미는 그 소식을 듣고 고향으로 돌아가기로 작정하고 귀향의 여정을 시작합니다.

성도 여러분, 이렇게 10년 만에 완전히 망해서 고향으로 돌아오고 있는 나오미의 마음은 어떨까요? 남편도, 두 아들도, 재산도 다 잃어버리고 돌아가는 이 늙은 여인의 마음은 어떨까요? 우리는 과부 나오미가 되어, 이 이야기 속 주인공의 비참함을 느낄 수 있어야 합니다. 나오미의 텅 빈 것을 공감하지 못하면 그녀의 텅 빈 것을 채우는 나머지 이야기의 메시지를 이해할 수 없기 때문입니다. 이런 나오미의 독백을 생각해 봅시다.

"베들레헴에 심한 기근이 찾아왔어요. 남편이 이것저것 오래 고민하더니 항상 물이 있는 요단 동편 모압에 가자고 하네요. 이방인들이 사는 곳이라 조금 마음이 쓰입니다만 남편이 고민하다 결정한 것이니 받아들이기로 했어요. 잠시 이 가뭄만 피하자는 것이었으니, 뭐 그리 큰 잘못도 아닌 것 같왔거든요. 마침 도착한 요단 동편 모압 땅은 기대 이상이었어요. 베들레헴의 상황이 괜찮았을 때 누렸던 풍요보다 모압 땅이 더 낫더라고요. 남편은 그곳에 정착할 것을 결심하고 짐을 풀었습니다. 그런데 바로 그때부터 남편이 알 수 없는 병을 앓더니 며칠 만에 죽고 말았어요. 마음이 찢어졌습니다. 하늘이 무너지는 것 같았지만 저는 삶을 포기할 수 없었어요. 왜냐하면 제 손을 잡고 있는 두 아이가 있었기 때문입니다. 아이들 때문에 힘든 이방 땅에서 10년을 살 수 있었어요. 눈물 나는 일들이 많았지만 이제는 다 추억이네요. 아들들이 장성했고, 얼마 전에 장가까지 보냈어요. 집에 며느리들이 들어오면서 제 삶은 이제 좀 괜찮아 보였습니다. 두 며느리 역시 처음에는 이방인이라 마음이 편하지는 않았지만 둘 다 착했고, 살림도 곧잘 했어요. 모든 것이 평안했습니다. 너무 평안해서 조금 불안한 마음이 있었습니다.

    그러던 어느 날이었습니다. 이제 곧 안겨 줄 손주 소식을 기다리며 함께하던 그 해, 그러니까 이민을 온 지 10년이 되던 그 해, 내 사랑하는 아들들이, 일찍 간 남편의 빈자리를 채워 주었던 내 생명보다 귀한 자식들이 시름시름 앓는 것입니다. 그리고 약속이나 한 듯, 둘이 다 한 해에 하늘나라로 갔어요. 내 모든 소망, 내 모든 기대……. 이제 내게는 아무것도 남아 있지 않습니다. 지금 제게는 살아야 할 아무런 이유도 남지 않았어요. 숨 쉬는 게 죄스럽습니다. 내 품에서 죽어 간 아들들의 고통스러워 하던 얼굴만 기억납니다. 싸늘하게 식어 가는 아들들의 몸에서, 10년 전 잊으려 했던 남편의 마지막 모습까지 기억이 떠오르네요. 지금 제게는 아무것도 없습니다.

    이제 저는 이 땅을 떠나렵니다. 모압의 어떤 것도 보기 싫습니다. 삶에 지친 이 몸이라도 고향 땅 베들레헴에 있는 조상들의 묘지에 묻히고 싶습니다. 베들레헴에 풍년이 들었다 하니 그곳에 가면 당장에 굶지는 않겠지요.

저는 가득히 가지고 이 땅으로 이주했습니다. 그때는 남편과 믿음직한 아들들이 있었어요. 그러나 이제는 아무것도 없어요. 저는 텅 빈 가슴을 부여잡고 돌아가렵니다. 누구 하나 돌아봐 주지도 환영해 주지도 않겠지만, 그래도 고향에 가서 죽으렵니다. 저의 마지막 소망은 고향에서 죽는 것입니다."

나오미가 비참하게 된 이유

이제 물어봐야 할 것 같습니다. 나오미는 왜 이렇게 비참하게 됐을까요? 이 집안은 왜 이토록 비참하게 몰락한 것일까요? 남편은 왜 모압에서 정착하기로 결정하자마자 죽었으며, 두 아들은 왜 10년이 지난 후에 갑작스럽게 자녀 하나 남기지 못한 채 죽었을까요? 그리고 죽음과 죽음의 이야기들, 이 '텅 빔의 이야기'가 왜 〈룻기〉의 가장 주요한 배경이 되어야 하는 걸까요?

많은 설교자들은 남편 엘리멜렉과 두 아들이 갑자기 죽는 이유를 그들이 '약속의 땅'을 떠났기 때문에 심판을 받은 것이라고 전합니다. 이렇게 나오미의 텅 빔의 이유를 '약속의 땅을 떠났기' 때문이라고 해석하면 이 본문의 결론이나 적용도 함께 정해집니다. "아무리 힘들고 어려운 일이 있어도 너에게 주어진 이 약속의 땅을 떠나서는 안 된다"로 말입니다. 이 결론에는 심지어 하나님의 심판에 대한 경고까지 포함합니다. "하나님의 약속의 땅을 하나님의 허락도 없이 떠나면 이토록 참혹한 저주를 받는다"라고 말이죠.

이 부분은 몇몇 설교자들이 그렇게 말했을 뿐 아니라 신학자 대부분이 공감하는 내용입니다. 구약 이스라엘이 땅에 대해 갖고 있는 의미는 우리가 생각하는 땅과는 사뭇 다릅니다. 구약의 이스라엘은 하나님 나라였습니다. 그래서 그들은 인간 왕이 있을 때에도 진짜 왕은 여호와 하나님이라고 생각했습니다. 그리고 그들이 사는 땅은 여호와 하나님의 땅인데, 그 땅의 주인이며 왕이신 하나님께서 그들에게 땅을 하사하신 것이라는 개념을 가지고 있습니다. 그래서 이스라엘은 하나님께서 나눠 주신 영지에 사는 영주(領主)와 같은 의무와 책임을 갖고 있습니다. 고대 근동의 영주는 왕이 하사한 땅에 살며, 그 땅이 어떠하건 지켜야 하는 의무를 가졌습니다.

위의 논리에 따르면, 엘리멜렉은 베들레헴이라는 자신의 영지를 떠나 다른 곳으로 가 버린 영주인 것입니다. 왕과 맺은 언약을 버리고 계약을 파기한 영주인 것이죠. 그래서 고대 근동의 왕들이 계약을 파기한 영주를 공격해서 파괴했던 것처럼, 하나님께서 엘리멜렉과 그 가정을 공격하셨고 멸망시키셨다는 얘기가 됩니다.

신학자들의 설명을 좀 더 쉽게 이야기로 설명해 보겠습니다. 엘리멜렉은 자신이 베들레헴을 떠난다는 것의 의미를 알았습니다. 그래서 그는 잠깐 모압으로 기근을 피하러 가는 정도면 괜찮을 거라 생각했습니다. 그런데 가 보니 그 땅이 자신이 하사받은 베들레헴 땅보다 훨씬 좋았습니다. 생각할 것도 없이, 그 땅에 집을 짓겠다고 기초를 놨습니다. 그래서 하나님께서 엘리멜렉을 치셨습니다. 남편의 죽음 앞에서도 나오미는 자신들이 모압에 머무는 것이 죄라는 것을 알지 못했습니다. 하나님께서는 10년이나 돌아올 기회를 주셨습니다. 그런데도 나오미는 지금이 돌이킬 기회라는 것을 깨닫지 못했습니다. 하나님께서 정하신 기한이 찼습니다. 10년이 지난 어느 날 하나님의 손이 두 아들을 치셨습니다. 하나님께서 약속의 땅을 떠난 나오미를 완전히 망하게 하신 것입니다. 결국, "자신의 뜻을 떠난 백성을 완전히 망하게 하시는 집요하신 하나님"이 룻기의 배경이 되는 겁니다.

그러나 여러분, 정말 본문이 '진노하시는 하나님의 손에 놓인 한 집안의 몰락하는 이야기'에서 시작되는 것일까요? 저는 이렇게 해석하고 설교하는 분들을 많이 만났습니다. 충분한 신학적 근거도 있습니다. 창세기의 아브라함과 이삭의 실패 장면을 통해, 그리고 야곱이 어려운 중에도 애굽으로 내려가지 않았고, 마지막 내려가는 과정에서도 하나님께 여부를 묻는 장면을 통해 근거를 찾기도 합니다. 사실 이런 방식으로 말씀을 적용하면 교회를 섬기는 설교자에게는 여러모로 유리합니다. "출석하고 있는 교회가 아무리 힘들어도, 교회에서 받는 영적인 공급이 없어도, 심지어 교회가 네게 깊은 상처를 주고 실망을 줘도, 교회는 하나님께서 네게 맡긴 약속의 땅이기 때문에 절대 떠나면 안 된다"라고 가르칠 수 있기 때문입니다. 가령 교회에서 매주 은혜는커녕 상처를 받고 있고, 건강한 상식을 가지고 하는 생각들이 하나도 교회 사역에 반영되지 않는다 할지라도, 이곳은 여전히 약속의 교회이기 때문에 절대 떠나면 안 된다고 적용하는 것이죠. 떠났다가는 무시무시한 저주와 심판을 당할 수 있다는 위협과 함께 말입니다. 설교자들은 이러한 해석에 매력을 느낍니다. 이 본문으로 성도들을 교회 공동체에 묶어 놓을 수 있기 때문입니다.

아는 것, 그것을 적용한다면……

그러나 사랑하는 여러분, 저는 이 해석과 적용에 동의하지 않습니다. 왜냐하면 이 설교를 해야 하는 제가 그런 설교에 도무지 순종할 자신이 없기 때문입니다. 그리고 저는 설교자들이 솔직하고 진지하게 이 문제를 적용할 생각을 했다면 이렇게 간단하게 정리해서 설교하지 못할 것이라고 생각합니다. 왜일까요? "약속의 땅에 찾아온 기근"이라는 말씀의 무게 때문입니다.

1장 1절은 "그 땅에 흉년이 드니라"라고 기록하고 있습니다. 여기의 '흉년'은 원어로 '라아브'입니다. 이 단어의 뜻은 '배고픔, 굶주림, 결핍, (광범위한) 부족'을 의미합니다. 흉년이 많았던 고대 근동 지역에서는 흉년을 지칭하는 단어가 많이 있는데 그 다양한 단어들 가운데서 가장 심각한 흉년을 의미할 때 쓰는 단어가 바로 이 '라아브'입니다. 그저 먹을 것이 조금 부족하다는 것이 아니라 먹을 것이 하나도 없는 상태를 의미하는 단어입니다. 참아도 되는 수준, 견딜 수 있는 정도의 기근이 아닌, '처절한 굶주림'을 의미하는 단어입니다.

여러분, 기근이 무엇입니까? 현대의 풍요로운 삶을 살아가는 우리는 '기근'이라는 단어를 정확하게 이해하기 어렵습니다. 그러나 우리가 조금만 눈을 돌려 보면, 오늘날에도 지구 어느 편에서는 기근으로 고통당하는 자들이 있습니다. 저는 아프리카에서 일어난 기근 피해와 관련된 사진 전시회에 간 적이 있습니다. 전시회에는 쩍쩍 갈라진 논과 밭의 사진이 있었습니다. 삐쩍 마른 흑인 엄마가 아기 시신을 흙구덩이에 넣고 눈물을 흘리며 무릎을 꿇고 기도하는 사진도 있었습니다. 땅에서 무른 흙을 골라서 그 흙을 물과 함께 진흙 파이를 만들어 먹는 아이들의 사진이 있었습니다. 굶주림으로 죽어 가는 아이와 아이 옆에서 아이가 죽기를 기다리는 콘도르(독수리)의 사진도 있었습니다. 전시회에 걸린 사진들에는 죽음의 그림자들이 드리워져 있었습니다. 그것이 기근(라아브)이었습니다.

기근은 그런 것입니다. 기근은 사회의 모든 것을 파괴하는 폭군입니다. 그런데 그런 상황 속에 있는 자에게 "믿음으로 약속의 땅을 떠나지 말고 그 기근을 견디라"라고 말해도 되는 것일까요? 그냥 성경 속에 있는 남의 집 이야기라고 생각하시며 편하게 읽지 마시고, 정말 우리 집 이야기로 이 사건을 읽어 보시기 바랍니다. 우리 자녀들이 배고파 울고 있는데, 그 상황에서 믿음을 붙잡고 약속의 땅을 지킬 수 있겠습니까?

저는 이런 상황에서 적용하는 것은 불가능하다고 생각합니다. 물론 엘리멜렉이 베들레헴을 떠난 것이 죄일 수는 있지만, 한 집안 전체가 풍비박산 날 죄는 아니라고 생각합니다. 만약 엘리멜렉이 기근을 피해 모압으로 갔기 때문에 하나님께 저주를 받아 죽고 또 자식들이 돌아오지 않았기 때문에 하나님 손에 죽임 당했다면, 저는 솔직하게 그런 하나님을 믿고 그분께 사랑을 고백하는 것은 불가능하다고 생각합니다. 그저 너무너무 배가 고팠고, 힘들었고, 지치고, 견디다 못해 베들레헴을 떠난 것인데 그런 엘리멜렉을 죽이시고 자식들을 죽이시는 하나님이라면, 저는 도무지 그분을 웃는 얼굴로 마주할 수 없을 것 같습니다. 정말 하나님이 그런 분일까요?

빵이 없는 빵집

다시 처음으로 돌아가, '엘리멜렉이 약속의 땅을 떠난 게 비극을 일으킨 문제였다'는 해석에서 벗어나 본문 속 나오미의 비극에서 이유를 찾아보려고 합니다. 저는 엘리멜렉이 문제가 아니라 그로 하여금 그 땅을 떠나게 만든 베들레헴이 문제였다고 생각합니다.

여러분, 구약의 이스라엘 백성은 이후에 생길 교회의 모형이었습니다. 특히 베들레헴은 더욱 더 중요한 곳입니다. 베들레헴은 사사들이 다스렸던 어두운 시기임에도 불구하고 어느 정도 은혜가 남아 있던 지역이었습니다. 율법이 전혀 효력을 발휘하지 못했던 시기였음에도 사회적 약자를 위한 **이삭 줍기**라는 사회 보장 제도로 율법이 여전히 운용되던 공동체였습니다. 또 **기**

업 무를 자라는 고엘 제도가 시행이 되었는지는 알 수 없지만 적어도 내 친족의 고통에 대해 책임을 져야 한다는 의식과 법은 남아 있던 공동체였습니다. 베들레헴은 사사 시대라는 영적 어둠의 시기에 그래도 아직 살아 있는 구약의 교회, 은혜가 있는 신앙 공동체였습니다. 베들레헴의 영적 수준은 사사 시대의 이스라엘 전체 중에서 높았습니다. 수많은 마을 가운데 하나가 아닌, 택하신 이스라엘 백성의 수많은 성읍 중에서 가장 믿음 좋은 성읍이었습니다. 베들레헴은 믿음 좋은 신앙 공동체(교회)였습니다.

여러분, 오늘날에도 수많은 교회가 있습니다. 그러나 모든 교회가 다 똑같은 영적인 수준을 가지고 있는 것은 아닙니다. 공동체마다 하나님을 아는 지식의 정도가 다르고, 헌신의 수준이 다릅니다. 예배에 대한 사모함이나 기도의 뜨거움도 다릅니다. 어떤 한 가지 기준을 가지고 교회 등급을 매길 수는 없지만 그럼에도 교회 공동체들의 영적인 수준에 차이가 있다는 것을 우리는 알고 있습니다. 베들레헴은 그런 많은 교회 중에 독보적인 교회였습니다. 세상에 있는 많은 교회가 세속화되어 영적인 힘을 잃어버리고 은혜와 감격이 없는 사람들로 채워져 가는 상황이었는데, 그런 세상의 교회들 속에서 특별한 교회가 하나 있다는 이야기입니다. 바로 사사 시대의 베들레헴입니다. 누구나 알 만큼 확연하게 깨어 있는 교회, 누구나 이름만 대면 고개를 끄덕이며 부러워하는 바로 그 교회였습니다.

그런데 〈룻기〉가 어떻게 시작했습니까? "그 땅에 흉년이 드니라"(1:1). 베들레헴에 흉년이 임했다고 합니다. 가장 신실했던 베들레헴 땅에 기근이 든 것입니다. 여러분, 하나님께서 모세를 통해 이스라엘을 인도해서 데려간 가나안 땅은 하나님께서 계절에 맞춰 주시는 이른 비와 늦은 비에 의지해서 농사와 목축을 해야 하는 땅입니다. 하나님께서 이스라엘을 이런 땅으로 인도

하신 이유가 있습니다. 오직 하나님만 바라보게 하시기 위해서입니다.

가나안 땅에는 제대로 된 강이 하나도 없었습니다. 일 년 내내 넘실거리며 흐르는 강이 없습니다. 넘실거리는 강이 있다면 기근이 와도 그 강에서 물을 끌어오면 됩니다. 물을 끌어오면 애쓰고 수고한 만큼 곡식을 얻을 수 있습니다. 그런데 가나안은 그렇지 않습니다.

하나님께서 왜 그런 천수답으로 이스라엘을 보내셨을까요? 순종과 불순종의 결과를 가르치시기 위함이었습니다. 하나님은 순종하면 때를 따라 내리는 비를, 불순종하면 가뭄을 주면서 이스라엘을 훈련시키셨습니다. 다시 말해, 적절한 시기에 내리는 비는 하나님께 순종한 백성을 위한 복이고, 비가 내리지 않는 것은 하나님께 불순종한 백성을 위한 징계와 저주였습니다.

그렇다면, "그 땅(베들레헴)에 흉년이 드니라"(1:1)라는 말은 무엇을 의미하는 것일까요? 베들레헴이 하나님께 징계를 받고 있다는 의미입니다. 즉 베들레헴마저도 하나님께 불순종하고 우상 숭배를 해서 그 결과로서 '비가 그쳤다'는 말입니다. 당시 유일하게 남아 있던 가장 충만했던 교회 공동체마저 불순종함으로 하나님의 진노의 손 아래 들어갔다는 것을 의미합니다.

사랑하는 여러분, '베들레헴'이라는 지명은 '집'을 의미하는 '베이트'와 '빵'을 의미하는 '레헴'의 합성어입니다. 그래서 '빵집'이라는 의미를 담고 있습니다. 그렇다면 본문 1장 1절 "그 땅(베들레헴)에 흉년이 드니라"라는 말은 "빵집에 빵이 없다"는 말과 같습니다. 빵집에 빵이 없는데, 사람들이 빵집에 남아 있어야 합니까? 빵이 없는 빵집에서 떠나는 것을 사람들의 잘못이라 말할 수 있나요? 어찌 보면 빵이 없는 빵집에 남아 있어야 한다고 말하는 것이 더 이상한 게 아닌가요?

성경 어디에도 엘리멜렉이나 말론과 기룐이 특정한 죄를 지었다는 표현은 없습니다. 어쩌면 그들은 자신들의 생존을 위한 최선의 선택들을 한 것일 뿐입니다. 성경은 그들의 죽음을 역사적 사실로만 평이하게 서술하고 있지, 어떤 죄의 결과로 이들의 죽음을 평하지 않습니다. 하나님은 엘리멜렉 가족의 모압 이주를 특별히 문제 삼지 않으셨습니다. 왜냐하면 그들이 마땅히 있어야 할 베들레헴에 그들이 먹어야 할 빵이 없었기 때문입니다. 하나님은 빵 없는 빵집에서 인간이 결코 살 수 없다는 것을 아셨습니다. 진짜 문제는 빵집에 빵이 없었다는 것, 하나님이 계셔야 할 거룩한 땅 베들레헴에 하나님이 없다는 것입니다.

오늘날 우리 교회, 우리 공동체는?

이제 우리는 본문의 메시지를 우리에게로 가져와 보도록 합시다. 아프고 슬픈 이야기지만 빵이 없는 빵집인 베들레헴 이야기가, 어쩌면 바로 오늘날 우리와 우리네 교회에 대한 선언일 수 있습니다. 최근 한국 교회는 일련의 힘든 사건을 통해 함께했던 성도들이 교회를 떠나는 것을 경험했습니다. 물론 교회를 떠나 다른 교회에서 잘 정착하여 신앙생활을 새롭게 잘하시는 분들도 있습니다. 그러나 여전히 교회를 정하지 못한 채 이곳저곳을 떠돌아다니시거나 교회 자체에 출석하지 않는 분들도 있다고 들었습니다. 최근에는 이들을 보고 '가나안 성도'라고 합니다.

2014년 '가나안 성도'에 대한 목회사회학연구소의 통계에 의하면, 교회를 떠난 성도들 가운데 67.1퍼센트는 '언젠가 다시 나가고 싶다'는 마음을 피력했습니다. 좋은 교회를 찾는 중이고, 적절한 교회를 찾는다면 언제든지 다시 교회 활동을 하겠다고 합니다. 그러나 나머지 33퍼센트는 '나가고 싶지 않지만 불편하다'와 '나가고 싶지 않다'를 선택했습니다. 신앙은 갖고 있겠지만, 교회 공동체에 다시 들어가지 않겠다고 표현한 것입니다. 해마다 교회와 목회자들에 대한 수많은 부정적인 뉴스를 접합니다. 간추린 뉴스가 그 정도라면 개교회들 안에서 실제로 듣는 이야기는 비교할 수 없이 많을 것입니다. 그렇게 많은 부정적인 이야기 때문에 많은 성도가 교회를 떠났고, 되돌아오지 않기를 결심하고 있습니다.

그런데 여러분, 교회에 남아 있는 성도 입장에서 교회를 떠난 성도들을 보면 어떤 마음이 드십니까? 교회 안에서 헌신하고 수고하며 신앙생활을 하는 분들의 입장에서 볼 때, 교회가 가장 고통하는 순간 이 짐을 함께 지지 않고 떨어져 나가 자신들의 편의대로 신앙생활을 하는 것같이 보이는 '가나안 성도'들을 보면 어떤 생각이 드시나요? 충분히 부정적인 마음이 생길 수 있다고 생각합니다. 혹시 이런 식으로 생각하신 적은 없으신가요? '너희는 약속의 땅인 교회 공동체를 떠나 버렸어. 그래서 결국 하나님께서 너희를 치실 거야. 하나님께서 치시기 전에 빨리 교회로 돌아와!'라고 말이죠.

그러나 우리는 절대 그렇게 생각해서는 안 됩니다. 각 성도의 비참한 상태를 교회를 떠난 개인의 문제와 죄였다고 말하면 안 됩니다. 왜냐하면 개인의 약함과 이기심과 비교할 수 없는 더 큰 죄가 '여기'(베들레헴=교회)에 있었기 때문입니다. "빵집에 빵이 없다"는 죄 말입니다.

오늘날 수많은 성도들이 교회를 떠나고 있습니다. 그중에 가장 빠른 속도로 빠져 나가는 그룹이 청년입니다. 많은 교회에서 청년 찾기가 어려워졌습니다. 전체 장년 성도의 10퍼센트 정도가 교회에 출석하는 청년 성도라는 말도 있습니다. 그뿐 아니라 대학생 선교 단체들도 해마다 학생 청년들이 줄고 있습니다. 청년들이 교회와 선교 단체들을 떠나 버렸습니다. 왜 유독 청년들이 교회를 떠나는 것일까요? 청년들이 특별히 더 약하거나 악해서일까요? 저는 아니라고 생각합니다. 그들은 그렇게 떠날 수밖에 없었다고 생각합니다. 제가 오랫동안 청년 사역을 하면서 알게 된 것은 청년들만큼 영적으로 민감한 사람들이 없다는 점입니다. 청년들은 진지하게 하나님을 만나고 싶어합니다. 그들은 하나님을 아는 지식에 목말라하고, 그분을 간절히 체험하고 싶어합니다. 그래서 조금만 말씀을 잘 먹이고 함께 시간을 보내면서 청년들의 인생 문제들을 함께 씨름하면, 자신의 생을 하나님께 던지려고 합니다. 저는 청년 사역을 통해 확신한 것이 있습니다. '하나님께서 사람을 지으실 때, 하나님에 대한 목마름을 사람의 영혼에 심으셨다'는 것입니다. 문제는 '빵집'(베들레헴)에 있습니다. 빵집의 간판은 달고 있지만 막상 빵을 먹으러 온 사람들에게 진짜 빵을 내주지 못하고 냄새만 풍겼던 빵 없는 빵집이 문제입니다.

그렇다면 빵집에 있어야 했던 빵, 지금은 잃어버린 빵은 무엇을 의미합니까? 빵집에 있어야 할 빵이 무엇인지 신·구약 성경에서 각각 한 본문씩 살펴 정리하겠습니다. 먼저, 구약입니다.

> 진설병의 상에 청색 보자기를 펴고 대접들과 숟가락들과 주발들과 붓는 잔들을 그 위에 두고 또 항상 진설하는 떡을 그 위에 두고(민 4:7)

하나님을 만나 교제하는 성막 안의 모습을 묘사하면서 그 성막 안에 있던 열 개의 둥그런 떡에 대한 묘사입니다. 이스라엘은 이 성막 안에 있는 떡을 "진설병"이라고 불렀습니다. 이것은 히브리어를 문자적으로 번역하면 '얼굴의 빵'이며, 의역하면 '앞에 있는 빵'입니다. 즉 이 떡은 '하나님의 면전(얼굴) 앞에서, 하나님 앞에서'라는 의미를 갖고 있습니다.

그렇다면, 이 '진설병이 없는 성막'을 오늘날의 말로 표현하면 무엇일까요? '하나님 임재가 없는 교회 공동체'입니다. 베들레헴에 빵이 없다는 것은, 성막에서 하나님의 얼굴을 뵐 수 없다는 말이고, 오늘날 교회에서 하나님의 임재를 경험할 수 없다고 말하는 것입니다. 이 말은 하나님의 임재가 떠난 교회, 이가봇(영광이 떠남) 상태를 의미하는 다른 표현입니다.

이제 우리는 이런 것을 물어야 합니다. 우리가 속한 공동체 안에는 하나님의 임재가 충만한가? 놀라운 하나님의 임재, 하나님의 영광, 위대하신 하나님의 역사, 사람이 변화되고 기적과 이적이 나타나 전혀 새로운 사람이 되는 일이 우리가 속한 교회에서 일어나고 있는지 물어야 합니다. 혹시 우리도 이 기근 가운데 있지는 않은가요?

다음으로, 신약 교회에 반드시 '있어야 할 빵'은 무엇입니까?

> 예수께서 이르시되 나는 생명의 떡이니 내게 오는 자는 결코 주리지 아니할 터이요 나를 믿는 자는 영원히 목마르지 아니하리라(요 6:35)

이 떡(빵)은 바로 예수 그리스도 자신을 가리키는 표현이었습니다. 예수께서는 자신을 '생명의 떡'이라 소개하셨습니다. 여러분, 교회 안에 반드시 있어야 할 빵은 바로 예수 그리스도입니다.

우리는 교회의 공적인 모임에서 성찬식을 행함으로 주님의 살과 피를 정기적으로 기념하고 있습니다. 성찬을 일 년에 몇 차례 행하는지, 세부적 절차 방법이 무엇인지는 그렇게 중요하지 않습니다. 정말 중요한 것은 성찬을 통해, 생명의 떡이신 우리 주 예수 그리스도를 경험하느냐입니다. 우리에게 주님의 찢기신 살에 대한 두려움과 감격이 있습니까? 우리에게 주께서 흘리신 보배로운 피에 대한 경외와 사랑이 있습니까? 어쩌면 우리는 성찬식을 행했지만, 막상 생명의 떡이신 예수를 전혀 경험하지 못하는 건 아닌지요? 성찬식은 했는데, 막상 성찬식 중심에 있어야 할 예수 그리스도를 맛보지 못한 건 아닌지요?

오늘도 생명의 떡에 굶주린 배고픈 이들에게, 이 땅의 교회는 과연 먹을 것을 전하고 있을까요? 목말라 찾아온 사람에게 소금물을 주어 더 목마르게 하고, 배고픈 이들을 향해 빵은 주지 않고 빵 굽는 냄새만 맡게 한 것은 아닐까요?

오늘도 사람들은 진심으로 창조주 하나님을 만나고 싶어합니다. 그들도 하나님을 경험하기를 원합니다. 교회 공동체 안에 들어와 하나님을 만나고, 하나님의 인도하심을 받고, 새롭게 한 주를 살아 낼 힘과 은혜를 얻고 싶어 하는 사람들은 여전히 많습니다. 그런데 교회가 그들에게 빵을 주지 못했던 것입니다. 사람들이 배가 고파서 교회에 왔고, 교회에 무언가 있다고 해서 왔는데 막상 와 보니 그곳에 그들의 영적인 굶주림을 해결할 빵이 없습니다. 심지어 교회 안에 앉아 있는 사람들도 같이 메말라 있고, 기근으로 배고파 하고 있습니다. 교회에 하나님의 임재가 없고, 교회에서 예수를 경험할 수 없는 것입니다. 그래서 그들은 교회 밖으로 나갔습니다. 산으로, 골프장으로, 요가 수련원으로, 인터넷으로, 알코올이나 유흥으로 채워지지 않는 배고픔을 해결하려 그들은 또 다른 중독에 자신을 맡깁니다.

사랑하는 여러분, 그들이 그렇게 된 것이 과연 그들만의 문제입니까? 아닙니다. 그들의 굶주림을 채워 줄 수 없었던 교회, 바로 우리에게 문제가 있습니다. 우리의 문제입니다. 우리 예배의 문제이며, 우리 섬김의 문제입니다. 우리에게 '진짜 빵, 하나님의 임재'가 없었기 때문입니다. 문제는 베들레헴에 있었고, 바로 교회라고 자처하는 우리에게 있었습니다.

이렇게 한 번 물어보겠습니다. 최근에 숨이 막힐 만한 하나님의 임재를 예배에서 경험한 적이 있었습니까? 최근 '하나님께서 지금 내 곁에 계신다'는 그분의 임재를 맛보신 적이 있으십니까? 근래에 불꽃 같은 눈으로 우리를 바라보고 계시는 하나님을 경험하며, 그 앞에 두려워 떨며 죄를 회개한 경험이 있습니까? "화로다 내가 죽게 되었노라"라고 외쳤던 선지자들처럼 거룩하신 하나님을 죄인인 우리가 만날 때 생기는 필연적인 탄식을 한 적이 있습니까?

우리는 끊임없이 주변 사람들에게 교회를 홍보합니다. "신자의 삶은 풍성하다"라는 이런저런 이야기를 전합니다. '행복에의 초대'라고 쓰인 전도지를 들고 우리가 가진 행복으로 다른 사람들을 초청합니다. 우리는 여전히 큰소리로 외치고 있었습니다. 그런데 점점 더 그 말을 곧이곧대로 듣는 사람이 없습니다. 왜 그렇습니까? 막상 그들이 우리에게 와서 보면 다를 게 없기 때문입니다. 예배 중에 찬양 인도자가 외칩니다. "하나님께서 지금 이곳에 오셨습니다. 하나님께서 이 예배를 받으십니다!" 사회자가 역시 격양된 톤으로 말합니다. "오늘 하나님이 여기 오셔서 우리를 보고 기뻐하고 계십니다!" 예배 중에 그런 외침을 듣고 구도자가 두리번거리며 무언가를 찾습니다. 그러더니 고개를 갸웃뚱합니다. "도대체 당신들이 말하는 그 하나님은 어디 계시냐?"

에스겔이 보았던 회복과 관련된 환상에서 은혜는 성전 안에 흘러넘쳐 강이 되었습니다. 이제 물어 봅시다. 오늘날 우리 교회, 우리 공동체는 차고 넘치는 은혜의 강을 경험하고, 하나님의 확연한 임재를 경험할 수 있는 장소인가? 과연 우리에게 세상에 흘려 보낼 만한 무엇이 있는가? 이런 물음을 가지고 다음과 같은 가상 이야기를 생각해 봤습니다.

어떤 사람이 길을 가다 우연히 교회의 표지판을 봤습니다. 그때 갑자기 유년 시절 교회를 다녔던 기억이 떠올랐습니다. 이름은 기억나지 않지만 환하게 웃던 교회 학교 선생님과 설교 시간에 들었던 이야기 몇 가지가 아련하게 떠오릅니다. 문득 오늘이 주일이어서 교회 모임 시간이라는 생각도 들었습니다. 교회에 들어가면 헛헛한 마음이 채워질까 하는 생각이 들었습니다. 배고픔 때문이었습니다. 세상의 것들로는 채워지지 않는 목마름 때문이었습니다. 건물에 들어서며 계속 두리번거리며 코를 킁킁거려 봅니다. 빵이 있다면 빵 굽는 냄새가 날 테니 말입니다. 건물에 들어가 안내하는 분의 안내를 받아 예배실에 들어갔습니다. 마침 예배 시간에 늦지 않았습니다. 예배 시작을 알리는 종소리와 함께 예배가 시작되었고 이런저런 순서들이 진행됩니다.

사회자가 뭐라 뭐라 말하니, 사람들이 눈을 감고 웅성웅성거립니다. 기도인 것 같습니다. 얼떨 결에 눈을 감았더니, 갑자기 악기 소리가 납니다. 눈을 떴더니 신기하게 아무도 없던 무대가 꽉 차 있고, 경쾌한 노래를 함께 부르자고 합니다. 사람들이 함께 그 노래들을 따라 부르고 누군가는 손을 들기도 합니다. 그러다 양복 입은 한 사람이 나와 이런저런 좋은 이야기들을 들려줍니다. 좋은 이야기인 것 같습니다. 그러나 무슨 내용인지 정확하게는 모르겠습니다. 그러더니 끝납니다. 앞에 있던 양복 입은 사람이 두 손을 들고 뭐라 뭐라 하더니 이제 집으로 가라고 합니다. 돌아가려고 일어섰는데 여전히 배가 고픕니다. 교회 현관문을 나오며 혼잣말을 합니다. "역시 여기에도 빵은 없구나."

만약, 빵집에 다시 빵이 생긴다면……

남편과 두 아들마저 잃어버린 **텅 빈** 나오미에게 한 가지 소식이 들려왔습니다.

> 여호와께서 자기 백성을 돌보시사 그들에게 양식을 주셨다(1:6상)

지나가는 사람이 들려준 이 소식은 나오미를 절망의 자리에서 일으켰습니다.

> 이에 두 며느리와 함께 일어나 모압 지방에서 돌아오려 하여(1:6하)

나오미가 들은 것은 무엇입니까? 쉽게 말하면, "빵집에 다시 빵이 돌아왔다"입니다. 나오미는 즉각적으로 반응합니다. "우리, 빵집으로 돌아가자!"

많은 사람들이 교회를 떠나는 이유는 사실 다른 데 있지 않습니다. 교회마저도 영적인 배고픔이 해결되지 않기 때문입니다. 하나님의 임재가 경험되지 않고, 예수 그리스도를 만날 수도 없습니다. 결국, 교회에 있을 이유가 없습니다. 또 교회 안에 적극적으로 들어오지 않고 주변만 맴도는 사람들 역시 같은 문제를 안고 있습니다. 교회에서 도무지 배를 채울 수 없었다는 것입니다. 은연중에 사람들은 자신들의 교회를 보며 필립 얀시가 쓴 유명한 책(《아, 내 안에 하나님이 없다》)처럼 "아, 우리 안에 하나님이 없다"라고 말하는 것입니다.

너무 과격하다고요? 맞습니다. 과격한 표현입니다. 물론 우리에게는 하나님께서 지나가신 흔적이 있습니다. 하나님에 대한 어느 정도 정리된 지식도, 귀한 간증들도 있습니다. 간혹 특별한 은혜를 경험한 것 같은 그런 날도 있습니다. 그리스도의 향기를 찾는다면 지워져 가고 있기는 하지만 분명 있기는 한 것 같습니다. 그러나 이 조금 남은 잔향으로는 결코 세상에게 사로잡혀 있는 사람들을 돌이키지 못합니다. 빵집에 막상 가장 중요한 빵은 없기 때문입니다.

그렇다면 여러분, 만약 빵집에 빵이 돌아온다면 어떻게 될까요? 우리의 예배에 빵을 구하러 온 사람들을 충분히 먹일 만한 빵이 있다면 어떤 일이 생길까요? 하나님께서 저 대신 강단에 서시면 어떻게 될까요? 하나님께서 직접 진리를 선포하신다면 어떻게 될까요? 사실 저는 어떤 일이 일어날지 잘 모르겠습니다. 그러나 확실한 것은 우리 모두 하나님의 임재를 느낄 수 있다는 겁니다.

"빵집에 빵이 돌아온 것입니다." 그때는 어떤 일이 일어날까요? 이제껏 배고팠던 사람들, 빵이 없어 굶주렸던 사람들이 서로 교회 문을 열고 쏟아져 들어올 것입니다. 여기에 어떤 배경을 가진 목사가 있는지, 건물 인테리어는 어떻게 했는지, 음향 장비와 피아노는 어떤 메이커인지, 차량은 운행하는지, 이와 같은 것을 물어보는 사람은 하나도 없을 것입니다. 왜냐하면 빵이 있는 빵집이기 때문입니다. 진정으로 배고픔을 해결할 수 있다면, 빵집 주인의 외모나 의자의 편안함, 세련된 인테리어 같은 것은 전혀 중요하지 않은 것처럼 말입니다. 이제껏 배고팠던 사람들이 빵집으로 밀려들 것입니다.

거룩한 불만 그리고 절박함으로

성도 여러분, 우리 모두 '거룩한 불만'(영적 배고픔)을 가집시다. 우리 예배에 대해, 우리 설교자들을 향해, 우리의 세상적인 소그룹에 대해 거룩한 불만을 가집시다. 그외에 우리가 하는 모든 영적인 조직이나 사역들을 바라보면서 거룩한 불만을 품읍시다. 하나님께서 주실 수 있는 것은 우리의 영적인 배고픔을 채울 수 있는 '생명의 빵'인데, 우리는 바닥에 떨어져 있는 '부스러기'에만 눈을 두고 있는 것은 아닌지 점검해야 합니다. 이 정도에 만족하면 안 됩니다. 여러분, 그저 좋은 것에 만족하지 맙시다. 좋은 것은 위대한 것에 대한 갈망을 잃어버리게 만듭니다. 그런 면에서 그저 좋은 것은 위대한 것의 가장 강력한 적입니다. 제발 상에서 떨어진 부스러기에 만족하지 맙시다. 상 위의 빵, 진설병을 구합시다. 진짜 하나님의 임재를, 진정한 생명의 떡이신 예수 그리스도를 구하십시오. 우리 주님은 우리의 간구를 들으시고 생명의 빵으로 오실 것입니다. 그러니 다시 하나님을 구합시다. 그분이 오시기를 구합시다. 그분의 임재, 직접 오시는 그날을 우리 함께 소망하며 기대하고 목말라합시다. 다시 그분을 구하며 그 앞에 나아갑시다.

〈룻기〉라는 책을 통해 우리가 굶주렸던 생명의 떡, 잃어버린 빵이신 예수 그리스도를 만났으면 좋겠습니다. 그리고 그 빵으로 만족하며 우리가 이 시대와 사람들에게 나누어 줄 빵이 넉넉한 교회를 꿈꿀 수 있기를 원합니다. 우리 주께서 우리의 갈급한 마음에 단비로 임하시기를 바랍니다.

룻기 1장 7-18절

있던 곳에서 나오고 두 며느리도 그와 함께하여 유다 땅으로 돌아오려고 길을 가다가 나오미가 두 며느리에게 이르되 너희는 각기 너희 어머니의 집으로 돌아가라 너희가 죽은 자들과 나를 선대한 것같이 여호와께서 너희를 선대하시기를 원하며 여호와께서 너희에게 허락하사 각기 남편의 집에서 위로를 받게 하시기를 원하노라 하고 그들에게 입 맞추매 그들이 소리를 높여 울며 …… 나오미가 또 이르되 보라 네 동서는 그의 백성과 그의 신들에게로 돌아가나니 너도 너의 동서를 따라 돌아가라 하니 룻이 이르되 내게 어머니를 떠나며 어머니를 따르지 말고 돌아가라 강권하지 마옵소서 어머니께서 가시는 곳에 나도 가고 어머니께서 머무시는 곳에서 나도 머물겠나이다 어머니의 백성이 나의 백성이 되고 어머니의 하나님이 나의 하나님이 되시리니 어머니께서 죽으시는 곳에서 나도 죽어 거기 묻힐 것이라 만일 내가 죽는 일 외에 어머니를 떠나면 여호와께서 내게 벌을 내리시고 더 내리시기를 원하나이다 하는지라 나오미가 룻이 자기와 함께 가기로 굳게 결심함을 보고 그에게 말하기를 그치니라

2
죽는 일 외에는

텅 빈 인생들의 슬픈 노래

2013년 12월, 때아닌 "안녕들 하십니까"라는 말이 유행한 적이 있습니다. 고려대 경영학과를 다니던 한 학생이 학교 게시판에 붙인 대자보 때문이었습니다. 이 청년은 철도 민영화를 반대했다는 이유로 4,213명의 노동자가 일자리를 잃게 된 것을 시작으로 여러 가지 정치 사회적인 문제에 대해 자신의 생각을 피력했습니다. 이 학생의 정치적 견해에 관해서는 다양한 의견이 있을 것 같습니다. 그러나 이 학생이 쓴 대자보 2부에 해당하는 문제 의식에 대해서는 함께 생각해 봤으면 좋겠습니다.

…… 88만 원 세대라 일컬어지는 우리를 두고 세상은 가난도 모르고 자란 풍족한 세대, 정치도 경제도 세상 물정도 모르는 세대라고들 합니다. 하지만 1997-1998년도 IMF 이후 영문도 모른 채 맞벌이로 빈 집을 지키고, 매 수능을 전후하여 자살하는 적잖은 학생들에 대해 침묵하길, 무관심하길 강요받은 것이 우

리 세대가 아니었나요? 우리는 정치와 경제에 무관심한 것도, 모르는 것도 아닙니다. 단지 단 한 번이라도 그것들에 대해 스스로 고민하고 목소리 내길 종용받지도 허락받지도 않았기에, 그렇게 살아도 별 탈 없으리라 믿어 온 것뿐입니다. 그런데 이제는 그럴 수조차 없게 됐습니다. 앞서 말한 그 세상이 내가 사는 곳이기 때문입니다. 저는 다만 묻고 싶습니다. 안녕하시냐고요. 별탈 없이 살고 계시냐고요. 남 일이라 외면해도 문제 없으신가요. 혹시 '정치적 무관심'이란 자기 합리화 뒤로 물러나 계신 건 아닌지 여쭐 뿐입니다. 만일 안녕하지 못하다면 소리쳐 외치지 않을 수 없을 겁니다. 그것이 무슨 내용이든지 말입니다. 그래서 마지막으로 묻고 싶습니다. 모두 안녕들 하십니까!

이 '안녕들 하십니까!' 대자보는 들불처럼 번지기 시작했습니다. 거의 대부분의 대학에서 이에 동조하는 대자보를 붙였고, 많은 직장에서도 이러한 대자보를 붙였습니다. 중학생, 고등학생의 여러 대자보도 이어졌습니다. 사람들은 자신이 안녕하지 않다는 것을 적극적으로 표현했습니다. 저는 이 많은 대자보 내용을 보면서 이런 생각을 했습니다. '이 세대가 안녕하기를 강요하는 세상이었구나. 그리고 그런 강요를 받았던 세대가 자신들의 생각을 표현하기 시작하는구나'라고 말입니다.

그로부터 몇 년이 흘렀습니다. '안녕들 하십니까' 대자보와 그 이후에 쏟아졌던 많은 대자보의 내용과는 무관하게 세상은 또 이만큼 와 있습니다. 저는 이제는 유행이 지나버린 그 인사를 다시 해 보고 싶습니다. "안녕들 하십니까!"

저는 목회를 하면서 여러 사람들을 만나 많은 이야기를 듣습니다. 개중에는 행복하고 좋은 이야기들을 나눠 주시는 분들도 있습니다. 그러나 목회자를 찾아와 이야기하는 성도 대부분은 행복한 이야기보다 힘든 이야기가 많습니다. 아프고 상한 이야기, 어렵고 힘든 이야기들입니다. 때로는 '목회자라는 이 길이 참 버겁구나'라는 생각이 들 만큼 어려운 이야기들을 가지고 올 때도 있습니다.

세상은 안녕과는 거리가 먼 것 같습니다. 수많은 사건들이 쏟아집니다. 그리 대단한 사람이 아닌 저에게도 이 세상의 삐걱거리는 소리는 갈수록 더 크게 들려옵니다. '과연 이 나라, 이 민족, 이 땅의 교회에 소망이 있을까'라고 생각하는 경우가 한두 번이 아닙니다. 왜냐하면 안녕하지 못한 일들이 곳곳에서 일어나고 있기 때문입니다. 그런 소식을 접할 때마다 우리의 삶 가운데 일어나는 이 사건들을 어떻게 바라봐야 하는지, 이런 세상에서 성도는 무엇을 기대해야 하는지 생각하게 됩니다.

사랑하는 성도 여러분, 안녕들 하십니까? 우리의 이 안녕하지 못한 현실을 무엇으로 채워야 하는 걸까요? 이 공허를 채울 수 있는 것이 과연 있기는 한 걸까요? 〈룻기〉로 돌아가 텅 비고 안녕하지 못한, 한 여인의 이야기를 계속 살펴보겠습니다.

나오미의 "텅 빔"

앞 장에서 저는 〈룻기〉의 주연은 **나오미**라고 했습니다. 나오미가 모압 땅에 가서 완전히 망했고, 망한 나오미를 다시 채우는 이야기가 〈룻기〉에서 볼 수 있는 내용이라고 했습니다. 이번 장은 그 주인공인 '나오미'가 얼마나 텅 빈 상태였는지를 살펴보는 것으로 이야기를 시작하겠습니다.

일단 나오미는 남편이 일찍 죽었습니다. 이것은 자녀들이 어린 상태에서 과부가 되었다는 것을 의미합니다. 나오미는 이국 땅에서 싱글맘이 되어 자녀들을 장성할 때까지 키웠습니다. 나오미의 남편이 일찍 죽었다는 것을, 오늘날 우리의 개념으로 이해하시면 그 어려움의 깊이를 잘못 측정할 수 있습니다. 당시 사회는 농경과 목축을 기반으로 하는, 남성 노동력이 중심이 되는 사회였습니다. 이렇듯 힘을 중시하는 남성 중심 사회에서 남편이 없다는 것은 정서적으로 힘들 정도가 아닌 사회적으로 아무런 보호를 받을 수 없고, 경제적으로 아무런 수입을 얻을 수 없게 되었다는 것을 의미합니다. 그래서 당시 유대인들은 고아와 과부, 나그네를 사회에서 보호가 필요한 약자로 정했습니다. 이들의 공통점은 사회 경제적인 안전망이 없다는 것입니다. 울타리가 되어 줄 부모가 없다는 것, 남편이 없다는 것, 공동체가 없다는 것을 의미하기 때문입니다. 하나님의 성품과 사랑의 표현인 율법이 울타리가 없는 사람들에게 울타리가 되어야 한다고 말하는 것은 당연합니다. 하나님이 그들의 울타리가 되어 주지 않으면 그들이 이 땅에서 생존할 수 있는 길이 없기 때문입니다. 그런 의미에서 과부이자 이방에서 온 나그네인 나오미. 그녀는 모압 땅에서 가장 심각한 약자였습니다.

그런데 그런 그녀에게 소망이 있었습니다. '말론과 기룐'이라는 아들들입니다. 특이하게 이들의 이름은 우리가 쉽게 붙일 수 있는 이름은 아닙니다. 말론은 '병약함'이고, 기룐은 '낭비'입니다. 학자들 중에는 이 두 아이의 이름을 연구하면서 이 아들들이 태어날 때 뭔가 선천적으로 약하게 태어났을 수도 있다는 견해를 제시하기도 했습니다. 왜냐하면 고대 근동에서 부모가 자녀의 이름을 아무 의미 없이 짓는 경우는 없기 때문입니다. 정확하게 확정할 수는 없지만, 아무튼 말론과 기룐이라는 아들들은 나오미에게는 소망이고 삶의 이유였습니다. 그래도 다행히 두 아들이 잘 자라서 모압 여인들을 만나 결혼까지 했습니다. 과부인 나오미가 이방 땅에서 십여 년의 세월 동안 약한 두 아들을 키워 장가보낼 때, 어떤 표정이었을지 생각해 봅니다. 얼마나 기쁘고 감사했을까요? 얼마나 행복했을까요? 두 자부가 나오미의 집에 들어오고 그들과 함께 한 상에서 밥을 먹으며 또 얼마나 행복한 미소를 보였을까요? 나오미의 인생이 이제는 뭔가 조금 풀리는 것 같았습니다. 그런데 장성한 두 아들이 같은 해에 죽었습니다.

나오미가 두 아들의 죽음이 준 충격에서 어떻게 헤어 나올 수 있을까요? 나이라도 젊다면 다른 시도라도 해 보았을 겁니다. 그런데 나오미는 나이마저 너무 많았습니다. 재혼도 어렵지만 재혼한다 해도 자식을 낳을 수 없을 만큼 늙었습니다. 남편과 두 아들이 죽고, 이미 늙었고, 이방인이며, 가난하기까지 합니다. 과연 나오미에게 어떤 희망이 있을 수 있을까요?

취업 준비생들에게 "이번만큼은 꼭 취직에 성공할 거야", 비정규직에게 "조금만 더 참으면 정규직으로 전환될 거야", 개인 주식 투자자에게 "네가 산 주식은 결국 대박이 날 거야"라고 말하는 것을 무엇이라고 부르는지 아시나요? '희망 고문'이라고 말합니다. 19세기 프랑스 소설가인 오귀스트 드 비예르 드 릴라당(Auguste de villiers de L'lsle Adam)이 《희망이라는 이름의 고문》이라는 단편 소설을 썼는데 여기서 유래한 것이 '희망 고문'입니다. 소설 내용은 이렇습니다. 유대인 랍비가 고리대금업을 했다는 죄로 감옥에 갇힙니다. 그런데 희망 없이 하루하루 힘겹게 살던 주인공이 감옥에서 탈출구를 발견하고 다시 자유의 몸으로 살 수 있다는 희망에 부풀어 마침내 탈옥에 성공합니다. 그러나 그가 탈옥에 성공했다고 생각하며 눈을 올려 봤던 그 자리에 종교 재판소 소장이 비웃으며 서 있었습니다. 작가는 이렇게 썼습니다. "이 운명의 저녁은 미리 준비된 고문이었다. 바로 희망이라는 이름의 고문." 작가는 희망을 슬쩍 보여 줬다가 다시 빼앗는 것이야말로 가장 잔인한 고문이라는 것을 말하고자 했습니다.

사랑하는 여러분, 지금 늙은 과부 나오미를 향해 "그래도 당신은 뭔가 할 수 있습니다"라고 말하는 것은 '희망 고문'이라고 불러야 하지 않을까 싶습니다. 나오미에게 "너는 이 상황을 극복할 수 있어. 힘을 내"라고 이야기하는 것은 고문입니다. 왜냐하면 전혀 가능성이 없기 때문입니다. 우리가 그녀에게 어떤 희망을 이야기할 수 있습니까? 우리는 쉽게 나오미를 위로하거나 격려하여 문제를 해결할 수 있는 방법을 이야기하지 않았으면 합니다. 조금만 더 나오미의 슬픔과 아픔과 절망과 함께해 봤으면 좋겠습니다. 함께 울어야 하는 때라면 그저 함께 울어 주며 얼마간의 시간을 보내야 하지 않을까요.

나오미가 할 수 있는 사랑, "떠나 보냄"

그러던 중에 나오미가 들은 것이 "베들레헴에 빵이 생겼다"는 소식이었습니다. 아무런 희망도 없던 나오미의 마음을 유일하게 두근거리게 한 소식입니다. 죽음보다는 삶과 관련된 소식이었기 때문입니다. 그녀가 많은 것을 기대한 것은 아니었습니다. 어쩌면 그저 '고향에 묻히고 싶다' 정도일 수 있습니다. 사랑하는 사람을 모두 먼저 보낸 이 늙은 과부의 유일한 소원은 고향에 묻히는 것이었습니다.

다음 대화는 나오미가 두 며느리와 함께 유다 땅으로 돌아가는 길에서 나눈 것입니다.

있던 곳에서 나오고 두 며느리도 그와 함께하여 유다 땅으로 돌아오려고 길을 가다가 나오미가 두 며느리에게 이르되 너희는 각기 너희 어머니의 집으로 돌아가라 너희가 죽은 자들과 나를 선대한 것같이 여호와께서 너희를 선대하시기를 원하며 여호와께서 너희에게 허락하사 각기 남편의 집에서 위로를 받게 하시기를 원하노라(1:7-9)

나오미는 자신을 따라 유다 땅으로 가던 며느리들에게 "각각 자기 친정으로 돌아가라"는 말을 하고 있습니다.

나오미가 그렇게 말하는 문장의 의미를 세 가지로 나눌 수 있습니다. 첫째 "각기 너희 어머니의 집으로 돌아가라", 둘째 "죽은 자들과 나를 선대한 것같이 여호와께서 너희를 선대하시기를 원한다", 셋째, "여호와께서 너희에게 허락하사 각기 남편의 집에서 위로를 받게 하시기를 원한다." 이 세 가지 의미를 정리하면, 너희가 하나님의 은혜를 입어 재혼하여 행복하게 살면 좋겠으니 너희 친정으로 돌아가라는 뜻입니다. 여러분, 이 말은 나오미의 진심입니다. 며느리들에게 더 이상 뭔가를 해 줄 수 없다는 것을 알고 있는 시어머니가 며느리들에게 해 줄 수 있는 최고의 사랑과 배려였습니다.

절대 시어머니가 며느리에게 진심으로 대해 줄 리가 없다고 생각하는 분들이 있을 수 있습니다. 그러나 성경 해석에 우리의 경험을 사용해서 안 될 때도 있습니다. 시어머니 나오미는 진심으로 어린 며느리들을 사랑했습니다. 나오미는 오직 며느리들이 행복하기를 바라며 이렇게 권면합니다. 11절과 12절에서 며느리를 부르는 나오미의 목소리입니다.

나오미가 이르되 내 딸들아 돌아가라 너희가 어찌 나와 함께 가려느냐 내 태중에 너희의 남편 될 아들들이 아직 있느냐 내 딸들아 되돌아가라 나는 늙었으니 남편을 두지 못할지라(1:11-12)

"내 딸들아 돌아가라"(11절), "내 딸들아 되돌아가라"(12절)라고 나오미는 두 차례 반복해서 "내 딸들아"라고 며느리들을 부르고 있습니다. 정말 딸로 생각하는 것이죠. 정말 딸처럼 생각하니까 지금 이 베들레헴으로 함께 갈 수 없다는 것입니다. 자신과 함께 베들레헴에 돌아간다 한들 아무것도 보장할 수 없고, 이방인들에게 적대적인 고향의 분위기 속에서 어린 며느리들이 경험할 고통을 피하게 해 주고 싶은 것입니다. 나오미는 정말 며느리들을 자신의 딸처럼 생각하며 한 말입니다.

사실 이 선택은 나오미에게 대단히 위험한 것입니다. 왜냐하면 나오미가 가지고 있는 유일한 것이 어쩌면 두 며느리에게서 나오는 노동력일 수 있기 때문입니다. 나오미는 지금 아무것도 가진 것이 없는 가난한 과부에 불과합니다. 그녀가 고향에 돌아간다 해도 그녀를 돌봐 줄 사람이 없습니다. 그녀가 고향을 떠날 때, 고향에 있던 모든 것들을 처분했기 때문에 남은 것이 전혀 없습니다. 고향에 가서 무엇을 할 노동력도 없습니다. 그녀에게 남은 것이라고는 며느리들밖에 없습니다. 그런데 나오미는 자신의 유일한 생계 수단이 될 수 있는 노동력을 포기한 것입니다. "너희는 각각 친정으로 돌아가라." 여러분, 나오미가 왜 이렇게 말했을까요? 저는 사랑 때문이라 생각합니다.

나오미가 두 며느리에게 이르되 너희는 각기 너희 어머니의 집으로 돌아가라 너희가 죽은 자들과 나를 선대한 것같이 여호와께서 너희를 선대하시기를 원하며(1:8)

우리말 성경에는 8절 본문에 두 번의 **선대**(善待)라는 단어가 나오는데, 원어 성경에서 나온 **선대**라는 두 단어는 서로 다른 의미를 가진 단어입니다. 앞에 있는 '선대하다'는 '일하다, 만들다, 형성하다'(원어, 아사)라는 의미를 가진 단어이고, 뒤에 있는 '선대하시기를'은 '친절, 인자, 자비'(원어, 헤세드)를 의미합니다. **헤세드**라는 단어 자체가 구약에서 가장 중요한 단어이기 때문에 간단하게 정의하고 넘어가야 할 것 같습니다. **헤세드**의 용법을 정리한 학자들은 **헤세드**를, '약한 자가 곤궁에 처해 있을 때 강한 자가 그럴 의무가 없음에도 불구하고 자발적으로 보이는 충성'이라고 정의합니다. 상위자가 하위자에게 보이는 자발적인 사랑과 헌신을 말합니다. 그래서 구약의 많은 부분에서 **헤세드**를 **인애**라고 번역하고 있습니다. 그리고 구약에 있는 이 표현과 가장 가까운 신약의 표현이 우리가 익히 아는 신적인 사랑, 무조건적인 사랑을 의미하는 **아가페**인 것입니다.

단어의 느낌을 살려서 8절을 풀면 이런 축복이 됩니다. "너희 두 며느리가 내 아들들과 나에게 행한 **선한 일**같이, 여호와께서 너희에게 **자비**와 **인애**를 베풀어 주시기 원한다." 며느리가 참 잘해 주었다는 말입니다. 아들들에게 좋은 아내였고, 시어머니에게 좋은 며느리였다는 것입니다. 많은 걸 해 주지 못했지만 참 많은 것으로 함께해 주어 감사하다는 표현입니다. 그러면서 축복합니다. "나(나오미)는 너희에게 해 줄 것이 없지만, 우리 하나님께서는 너희의 그 선대함에 대해 하나님의 **헤세드**로 채워 주시기를 원한다." 나오미가 해 줄 수 있는 최고의 복을 구한 것입니다.

여러분, 지금 하나님의 자비와 인애가 가장 필요한 사람이 누구입니까? 바로 나오미 자신입니다. 나오미가 가장 불쌍한 사람입니다. 아무것도 가진 것 없는 늙은 과부인 자신이 자비와 인애가 절대적으로 필요한 사람입니다.

그런데 이런 나오미가 하나님의 자비와 인애가 자신의 며느리들 가운데 있기를 구하고 있습니다. 여러분, 이 시어머니의 기도를 들으십시오. "하나님 혹여나 저를 돌아보실 자비하심이 있으시다면, 그 자비를 이 며느리들에게로 돌려 주십시오. 이 딸들에게 그 자비가 필요합니다." 나오미는 지금 자신을 도우실 수 있는 하나님께 자신의 며느리들을 부탁하고 있습니다. 여호와께서 혹 자신(나오미)에게 부어 주실 **헤세드**가 있다면, 그 **헤세드**를 자신의 며느리들에게 부어 달라 구하는 것입니다.

인도의 빈민들을 구제하고 섬기고, 특별히 죽음이 얼마 남지 않은 버려진 사람들과 고아들을 평생 섬겼던 수녀, 평생을 주님의 손과 발이 되어 버려지고 무력한 사람들을 위해 헌신하며 살았던 테레사 수녀는 사랑을 이렇게 정의합니다. "당신은 아픔이 느껴질 때까지 사랑해야 합니다. 자신에게 무언가 희생이 될 만한 것을 주어야 합니다. 없어도 지장이 없는 것을 주는 게 아니라 그것 없이는 살 수 없는 것이나 그것 없이는 살고 싶지 않은, 자신이 정말로 좋아하는 것을 주어야 합니다. 그것이 사랑입니다."

나오미는 지금 보이는 사랑을 하고 있습니다. 자신에게 가장 필요한 며느리들을, 그들의 행복을 위해 그들의 어머니에게 돌려보내고 있습니다. 며느리들을 돌려보내며 자신의 유일한 기대인 하나님의 자비, **헤세드**마저 쥐어 줍니다. 이것이 나오미의 사랑입니다. 여러분, 사랑이 무엇입니까? 나눔이 무엇입니까? 헌신은 무엇입니까? 이 모든 것은 다 한 가지에서 나온 것입니다. 자신이 가질 수 있는 것 중에 가장 귀한 것을 다른 사람에게 주는 행위의 다른 표현입니다. 나오미는 지금 자기에게 가장 소중한 것을, 자신의 며느리들에게 아낌없이 주는 **헤세드**를 행한 것입니다.

오르바의 길, 인간적 선대함의 결국(結局)

시어머니 나오미는 "돌아가라"라고 말했습니다. 나오미의 말 속에는 며느리들에 대한 사랑이 담겨 있었습니다. 며느리들은 입 맞추며 작별 인사를 하는 시어머니를 끌어안고 소리 내어 웁니다. 그리고 둘 다 "시어머니를 떠나지 않겠습니다"라고 말합니다.

> 나오미에게 이르되 아니니이다 우리는 어머니와 함께 어머니의 백성에게로 돌아가겠나이다 하는지라(1:10)

그러나 나오미는 재차 떠날 것을 말했고 두 며느리는 더욱 크게 소리 내어 울었습니다. 결국 한 명은 친정으로 돌아가는 것을, 다른 한 명은 그럼에도 불구하고 나오미와 함께 베들레헴으로 가는 것을 선택합니다.

친정으로 돌아간 며느리는 오르바였습니다. 시어머니를 떠나 자신의 어머니 집으로 돌아가는 오르바를 우리는 어떻게 평가해야 할까요? 어떤 분은 '끝까지 시어머니를 지켰어야지 따라오지 말란다고 그렇게 돌아가면 어떡해?'라고 부정적인 생각을 하는 사람도 있을 수 있습니다. 오르바가 무책임하고 지조가 없다는 생각이겠죠. 제가 만난 어떤 분은 오르바가 하나님의 영원하신 기업을 포기하고 이 땅에서의 안정을 찾아간 사람이라며 신약에 있는 '세상을 사랑하여 바울을 떠난 데마'에 비유하기도 했습니다. 이렇게 말하는 사람의 핵심은 오르바가 나쁘다는 것입니다. 그러나 나오미가 며느리들에게 했던 말들을 잘 생각해 보고, 만약 우리가 오르바라면 어떻게 했을지 생각해 봅시다. 우리는 성경 인물들을 평가할 때 왜 그렇게 선명하고 분명하게 평가하는지 모르겠습니다. 과연 오르바가 비난받을 행동을 한 것일까요? 그녀의 선택이 그렇게 악했나요? 그렇지 않아 보입니다.

일단 시어머니의 평가를 봅시다. 나오미는 룻과 오르바를 "너희가 죽은 자들과 나를 선대한 것같이"(룻 1:8)라고 평가했습니다. 죽은 남편들과 시어머니에게 아내와 며느리로서 책임을 다했다는 것입니다. 또 나오미가 고향으로 돌아가겠다고 했을 때, 그것이 얼마나 많은 어려운 일을 야기할 수 있을지 알았을 것입니다. 그럼에도 불구하고 이 둘은 다 함께 시어머니에게 순종하여 길을 따라 나선 사람들입니다. 시어머니 나오미가 여러 가지 생각 끝에 두 며느리를 돌려보내는 것이 맞다고 생각하여 그들을 돌려보내려 합니다. 그때 오르바는 "네, 어머니 갈게요"라고 대답하지 않았습니다. 두 며느리 다 울면서 돌아가지 않겠다고 했습니다. 그런 오르바를 나오미가 재차 설득해서 돌아가게 한 것입니다.

사랑하는 여러분, 오르바는 인간이 할 수 있는 최고의 헌신을 나오미에게 했습니다. 그러니 절대 오르바를 비난해서는 안 됩니다. 왜냐하면 우리 중 대부분은 오르바가 한 헌신과 선대의 자리에 서 본 적도 없고 설 마음도 없기 때문입니다. 시어머니 나오미는 이미 사회적으로나 심리적으로 죽은 사람이고, 곧 생물학적으로도 죽을 사람입니다. 나오미에게는 희망이 전혀 보이지 않습니다. 예를 들어, 가까운 가족의 죽음 앞에 힘들어 하는 성도가 있다고 생각해 봅시다. 대체로 우리는 그 성도에게 어떻게 권면합니까? "그래도 산 사람은 살아야지. 어서 떨치고 일어나자. 다시 힘내서 살아 보자"라고 말하지 않습니까? 나오미는 이미 끝난 자신의 인생 때문에, 젊은 오르바가 남은 세월을 자신과 함께 망하는 삶을 사는 것은 잘못이라고 여겼습니다. 나오미는 젊은 오르바가 떨치고 새로운 삶을 사는 것이 맞다고 생각했습니다. 오르바는 인간적으로 최선을 다했고, 인간적 선대함을 마친 후에 울며 시어머니를 떠난 것입니다. 절대 오르바의 선택과 길을 악한 길이라고 말하면 안 됩니다. 오르바는 우리가 할 수 있는 가장 선하고 일반적인 선택을 한 것입니다.

룻이 가기로 한 길, "죽는 일 이외에는······"

자, 이제 룻의 선택을 보겠습니다. 우리가 오르바를 인간적으로 최선의 헌신을 보여 준 사람이라고 평가할 때 이런 질문이 생깁니다. 그렇다면 룻은 왜 시어머니를 따르는 것을 선택했을까? 이런 질문을 하는 이유는 인간적인 헌신과 사랑으로 보기에는 룻의 선택이 그녀가 앞으로 치러야 할 대가치고는 너무 커 보이기 때문입니다.

당시 고대 근동의 결혼 풍습을 생각했을 때, 룻의 나이는 아직 10대였을 가능성이 큽니다. 많아도 20대 초반입니다. 이런 나이 어린 여인이 시어머니와 평생을 함께한다는 것은 너무 큰 희생입니다.

룻의 주장의 핵심은 16절과 17절입니다.

> 룻이 이르되 내게 어머니를 떠나며 어머니를 따르지 말고 돌아가라 강권하지 마옵소서 어머니께서 가시는 곳에 나도 가고 어머니께서 머무시는 곳에서 나도 머물겠나이다 어머니의 백성이 나의 백성이 되고 어머니의 하나님이 나의 하나님이 되시리니 어머니께서 죽으시는 곳에서 나도 죽어 거기 묻힐 것이라 만일 내가 죽는 일 외에 어머니를 떠나면 여호와께서 내게 벌을 내리시고 더 내리시기를 원하나이다 하는지라

"동서와 함께 돌아가라"라고 시어머니 나오미가 말했을 때, 룻이 시어머니에게 한 말입니다. 룻의 말을 정리하면, 더 이상 돌아가라고 하지 말라는 것이고, 죽어도 어머니와 함께하겠다는 말입니다. 이 말씀에서 가장 많이 나오는 단어는 '어머니'와 '나'입니다. 개역개정 성경에 있는 단어만 세어도 여덟 번이나 나옵니다. "어머니가 가시는 곳에, 어머니께서 머무시는 곳에, 어머니의 백성, 어머니의 하나님이, 어머니께서 죽으시는 곳에, 내가 죽는 일 외에 어머니를 떠나는 일이 있다면." 지금 룻은 어머니와 나를 완전히 하나로 묶어 버렸습니다. 절대 떨어지지 않겠다는 강력한 의지가 담겨 있습니다. 어머니는 나이고, 나는 어머니라는 것이지요.

우리는 기본적으로 잘나가는 사람들 편에 서고 싶어합니다. 그래서 친구 중에 유명한 사람이 있으면, 별로 친하지 않아도 그 친구 이야기를 많이 합니다. 유명세가 있는 사람들과 친분이 있다고 말하면 나도 괜히 유명하고 잘나가는 사람인 것 같은 느낌이 들기 때문입니다. 그래서 우리는 끊임없이 힘 있는 사람들이 모여 있는 모임의 회원이고 싶어합니다. 그런 모임 회원이 되면 나도 그런 사람이 된 것 같은 느낌이 들기 때문입니다.

그런데 지금 룻이 뭐라고 말하는 것입니까? 지금 망하는 사람, 이미 망해 버린 그 사람과 한편이 되겠다고 말합니다. 도대체 무슨 생각을 가지고 이런 말을 하는지 모르겠습니다. 앞에 살펴본 대로 시어머니 나오미는 아무것도 할 수 없는 노파입니다. 남편도 자식도 재산도 없습니다. 희망의 조각조차 찾을 수가 없는 절망 그 자체입니다. 살아 있지만 산 것이 아닌 죽은 것과 같은 생명입니다. 그런데 지금 젊은 며느리가 시어머니와 하나가 되어 함께 그 죽음과 같은 삶 속으로 들어가겠다고 나선 것입니다.

어머니께서 죽으시는 곳에서 나도 죽어 거기 묻힐 것이라(1:17)

죽어도 어머니 혼자 보내 드리지 않겠다는 것이죠. 이 문장은 시적인 표현, 문학적인 표현이 아닙니다. 아주 실제적인 이스라엘 매장 풍습에서 나온 아주 적극적인 표현입니다. 유대인들의 일반적인 매장법은 가족이 한 무덤에 세월을 두고 묻히는 것입니다. 사람이 죽으면 살이 썩는 동안 눕혀 놓는 무덤이 따로 있어서, 그 무덤에서 시신은 썩어 뼈만 남습니다. 얼마 후 후손들이 무덤 입구를 열고 들어가 뼈만 남은 유골을 옮겨, 조상들의 뼈가 쌓여 있는 곳에 둡니다. 그래서 죽은 후에도 유대인 가족은 뼈와 뼈로 다시 만나는 것입니다.

이처럼 룻은 감동적인 시를 쓰고 있는 것이 아니라 무덤을 가슴에 담고 아주 실제적인 이야기를 하고 있습니다. "나는 어머니와 함께 살다가 어머니께서 먼저 하늘나라로 가시면, 이후에라도 어머니께서 묻힌 무덤에 묻혀, 그 무덤 안에서 뼈와 뼈로 다시 어머니를 만나겠습니다"라는 무시무시한 결의를 보여 주고 있습니다. 룻은 절대로 나오미를 혼자 베들레헴으로 보내지 않겠다는 의지를 보여 준 것입니다. 룻이 하는 이 결의에 찬 말을 듣고서 나오미는 룻을 돌려보내기를 포기합니다.

여러분은 룻의 행동을 어떻게 생각하십니까? 룻의 행동을 인간적으로 이해할 수 있습니까? 저는 없습니다. 이 행동은 상식도 아니고 의리도 아닙니다. 사람에게 하는 선대라고 하기에는 무리가 있어 보입니다. 그러나 룻은 인간으로서는 할 수 없는 일, 전혀 상식적이지 않은 선택을 하고 있습니다. 아주 이상한 선택입니다. '나는 죽은 자와 죽음으로 하나가 되겠다'는 선택은 세상이 보기에는 너무나 바보 같은 짓입니다. 룻의 말은 정상적인 것이 아닙니다. 우리는 "너라도 살아야지"라고 말하며 이 룻의 길을 말려야 합니다. 그런데 룻은 이 고집을 꺾지 않습니다. 끝까지 룻은 시어머니와 하나가 되는 것을 주장했고, 결국 시어머니와 베들레헴으로 갑니다.

여러분, 성경이 룻의 행동을 통해 우리에게 무엇을 보여 주고 싶은 것일까요? 사람이 사람에게 하는 선대의 끝을 보여 주는 것은 오르바였습니다. 사람이 사람에게 보일 수 있는 선함은 그 정도입니다. 그렇다면 룻은 무엇을 보여 준 것입니까? 사람이 보여 줄 수 있는 선대가 아니라 하나님께서 사람에게 보이시기 원하셨던 **헤세드**의 특징이 무엇인지 보여 주고 있는 것입니다. 룻이 하는 고백과 행동을 통해 오직 하나님만 하실 수 있는 조건 없는 사랑인 **헤세드**의 그림자를 보여 준 것입니다.

그렇다면 이 **헤세드**는 무엇입니까? 강한 자가 약한 자와 하나 되어 약한 자를 약한 자리에서 일으켜 세우는 것입니다. 이런 헤세드를 보이신 분이 그림자가 아닌 실제로 계셨습니다. 죽은 자와 죽음으로 하나되는 사랑을 보이신 분, 그래서 죽음 가운데 있던 자들에게 생명과 소망을 만드신 분이 있습니다. 바로 예수 그리스도이십니다. 하나님께서 우리에게 보이신 **헤세드**, 그 **헤세드**의 결정판이신 예수께서 우리를 위해 이 땅에 오시고, 섬기시고, 죽으시고, 부활하신 이야기가 바로 이 〈룻기〉 안에 있는 룻의 고백 속에 은연중 들어 있는 그림자입니다. 소망 없는 나오미에게 소망을 주시고, 소망 없는 나오미와 하나가 된 젊은 룻. 그 룻에게서 우리는 우리를 약함에서 건져 내시려 스스로 이 땅에 내려와 약함이 되신 예수 그리스도, 그리고 그분의 품에 안겨 있는 약한 우리를 만나는 것입니다.

텅 빈 우리 가슴을 채우실 유일하신 분

우리는 서두에서 텅 빈 마음들에 대한 이야기를 했습니다. 수많은 사람들이 텅 빈 마음으로 고통당하고 있습니다. 없는 자들은 없는 대로 텅 빈 것을 이야기하고, 가진 자들은 가진 대로 자신들의 텅 빈 것을 이야기합니다. 대학 입시에 실패한 이들은 실패감에서 오는 텅 빈 것을, 합격한 이는 합격한 대로 기대했던 것과 다른 대학에 간 것으로 텅 빈 것을 이야기합니다. 직장에 대해서도, 자녀 양육에서도 저마다 텅 빈 것으로 고통하고 있습니다.

세상은 우리에게 "세상은 기쁨이야! 우리는 지금 너무 안녕해"라고 말하지만 실상 기쁨과 만족은 찰나이고, 우리는 거의 대부분의 시간을 텅 빈 공간 속으로 걸어가고 있습니다. 혹시 '나는 괜찮다고요. 나는 당신이 말하는 그 모든 것들 속에서 여전히 안녕한 상태를 유지하고 있다고요'라고 생각하는 분이 계신가요? 알겠습니다. 그렇다면 '사망'은 어떻습니까? 사망 앞에서 당신은 여전히 안녕을 유지할 수 있습니까? 사망은 모든 텅 빈 것의 절대자입니다. 사망은 소유로 자신의 가치를 증명하려는 이 땅 위에서 인생들에게, '너는 아무것도 가지고 갈 수 없다'는 것을 확인시켜 주는 절대자입니다. 그런데 사망에게 모든 것을 다 빼앗길 우리에게 채울 수 있는 길이 있느냐고 묻습니다. 과연 우리에게 텅 빈 것을 채울 수 있는 소망은 있는 걸까요?

우리 소망은 룻 이야기에서 **헤세드**를 보이신 분에게 있습니다. 룻이 나오미에게 보여 준 결연한 의지를 어느 효심 깊은 며느리가 늙은 시어머니를 봉양하겠다는 이야기로만 읽어서는 안 됩니다. 룻의 고백과 행동은 이후에 베들레헴 땅에 오실 예수께서 하시려는 일과 닮았습니다.

우리는 바로 나오미와 같이 텅 비어 있습니다. 무언가 많이 가진 것 같으나 실상은 텅 빈 인생입니다. 죄 때문에 죽을 자신을 보호하고 울타리가 되어 줄 남편도 없고, 우리 마음과 영혼을 이어 가고 지켜 줄 두 자식도 없습니다. 우리는 영적인 빈곤에 처했고, 우리 영혼을 보호해 줄 무엇도 없습니다. 성경은 그런 우리 상태를 "허물과 죄로 죽었던 상태"(엡 2:1)라고 규정합니다. 여러분, 우리가 바로 나오미였습니다. 텅 빈 나오미와 같은 상태가 바로 우리의 이전 상태였습니다. 나오미가 남편을 잃고 두 아들이 죽고, 그녀 자신조차 태가 죽어 더 이상 어떠한 생명도 만들 수 없는 상태였던 것처럼 우리 역시 우리 생명도 끝났고 우리 속에서 생명이 태어날 수 없는 텅 빈 상태였습니다.

그런데 이런 소망 없는 우리 인생에 하나님의 아들 예수께서 오셨습니다. 텅 빈 우리 인생에 오신 주님은 우리를 자신의 온 몸으로 끌어안으셨습니다. 만물을 충만하게 하시는 자이신 우리 주님이 모든 것을 먹고도 배고프다고 하는 블랙홀 같은 우리를 끌어안으셨습니다. 그러고 나서 "내가 너를 절대 포기하지 않겠다"라고 말씀하십니다.

룻의 고백에서 우리는 주님이 우리에게 하시는 고백을 듣습니다. 절대 포기하지 않겠다 하시는 우리 주님의 바보 같은 목소리 말입니다. "그 어떤 것으로도 나를 네게서 분리할 수 없어"라고 말씀하시는 그분의 결연한 목소리를 말입니다. 우리 주님은 소망 없는 우리를 소망으로 끌어 안으십니다.

이제 **헤세드**로 우리 가운데 찾아오신 주님을 소망합시다. 룻이 나오미를 안았던 것처럼 오늘 우리에게 찾아와 우리의 텅 빈 인생을 안아 줄 우리 주님을 구합시다. 주께서 우리의 소망이 되실 것입니다.

룻기 1장 18-22절

나오미가 룻이 자기와 함께 가기로 굳게 결심함을 보고 그에게 말하기를 그치니라 이에 그 두 사람이 베들레헴까지 갔더라 베들레헴에 이를 때에 온 성읍이 그들로 말미암아 떠들며 이르기를 이이가 나오미냐 하는지라 나오미가 그들에게 이르되 나를 나오미라 부르지 말고 나를 마라라 부르라 이는 전능자가 나를 심히 괴롭게 하셨음이니라 내가 풍족하게 나갔더니 여호와께서 내게 비어 돌아오게 하셨느니라 여호와께서 나를 징벌하셨고 전능자가 나를 괴롭게 하셨거늘 너희가 어찌 나를 나오미라 부르느냐 하니라 나오미가 모압 지방에서 그의 며느리 모압 여인 룻과 함께 돌아왔는데 그들이 보리 추수 시작할 때에 베들레헴에 이르렀더라

3
나는
마라입니다

사람은 무엇으로 사는가

　러시아 유명한 작가인 톨스토이의 작품 중 《사람은 무엇으로 사는가》라는 단편 소설이 있습니다. 이 소설에는 미하일이라는 천사가 등장합니다. 이 천사는 하나님의 명령을 받아 사람들의 영혼을 데려오는 임무를 수행하는 중이었습니다. 그러던 어느 날 하나님의 명령을 받고 영혼을 데려와야 할 사람을 찾아갔습니다. 그런데 그곳에 이제 막 쌍둥이를 낳은 여인이 있었습니다. 여인은 천사를 보고 자신이 지금 죽으면, 이제 낳은 아이들은 죽을 것이라며 살려 달라고 사정했습니다. 결국 천사 미하일은 자신의 임무를 포기하고 하늘로 돌아갔습니다. 하나님은 불순종에 대한 징계로 미하일에게 사람이 되어 그들 속에서 살며 세 가지 의문을 해결하면 다시 천사가 될 거라 말씀하셨습니다. 천사 미하일이 해결해야 할 마지막 질문이 바로 이 책의 제목인 '사람은 무엇으로 사는가'입니다.

여러분, 사람은 과연 무엇으로 사는 걸까요? 사람들이 말하는 것처럼 돈일까요? 정 때문에 사는 걸까요? 권력이나 명예 때문에 사는 것일까요? 신실한 그리스도인이었던 톨스토이는 이 질문에 대한 답을 '사랑'이라고 했습니다. 천사 미하일이 사람이 되어 땅으로 떨어진 지 6년이 되던 어느 날, 6년 전 자신에게 살려 달라고 했던 여인이 낳은 쌍둥이가 건강한 모습으로 자라 미하일이 일하는 신발 가게에 왔습니다. 미하일은 어떻게 된 영문인지 듣고 환하게 웃으며 다시 천사가 되어 하늘로 올라갑니다. 아무도 지켜 줄 수 없을 것 같던 이 아이들을 이웃에 살던 여인이 돌보게 되었고 결국 두 아이를 양녀로 삼아 사랑으로 키웠기 때문입니다.

'사람은 무엇으로 사는가'라는 질문에 톨스토이가 말한 답은 "사람은 사랑으로 산다"입니다. 이 땅을 사는 성도는 주님께서 이미 하신 사랑으로 사는 것이며, 그 사랑을 표현하기 위해 사는 것입니다. 만약 우리가 주님을 사랑하고 이웃을 사랑하고 있다면, 우리는 살아 있는 삶을 사는 것입니다. 그러나 우리가 사랑하는 사람이 없는 삶을 살고 있다면, 우리는 산 것 같으나 살아 있는 것이 아닙니다.

우리는 앞 장에서 아무것도 없고 또 아무것도 해 줄 게 없는 나오미를, **헤세드**의 사랑으로 끌어안은 룻에 대한 이야기를 살펴보았습니다. 룻은 분명 새 출발을 할 수 있었습니다. 아직 딸린 자녀도 없었고 젊었기에 마음만 먹으면 다시 결혼하여 모압에서 행복한 가정을 이룰 수 있었습니다. 그런데 룻은 자기 미래에 대한 가능성을 버리고, 텅 빈 시어머니 나오미를 끌어안아 하나가 되었습니다. 우리는 이것을 **헤세드**라고 불렀습니다. 그리고 우리는 이제 **헤세드**의 사랑이 만들어 내는 기적이 무엇인지 살펴보려 합니다.

베들레헴과 교회

이번 장의 본문 19절부터 22절은 이미 우리가 살펴봤던 **베들레헴**이라는 단어로 연결되어 있습니다. 19절 "이에 그 두 사람이 베들레헴까지 갔더라 베들레헴에 이를 때에……"라는 말로 시작하고, 22절 "……그들이 보리 추수 시작할 때에 베들레헴에 이르렀더라"로 1장이 마무리합니다. 1장의 시작이 "그 땅(유다 베들레헴)에 흉년이 드니라"였음을 기억한다면, 1장은 온통 '베들레헴'이라는 지명으로 채워져 있습니다.

저는 이 베들레헴이 '빵 + 집'이라는 말을 했습니다. 그리고 모든 문제가 빵집에 빵이 없는 상태, 즉 베들레헴에 임한 기근 때문이라고 말씀을 드렸습니다. 빵이 없는 빵집을 사람들이 떠난 것이 당연하듯 베들레헴을 떠난 것도 당연하다는 말을 했습니다. 그리고 '빵이 없는 빵집'과 같은 상태가 바로 오늘날 조국 교회의 상황이 아니냐는 질문을 했습니다. 저는 계속해서 베들레헴과 오늘날 교회를 하나로 묶어서 보려고 합니다. 베들레헴의 모습이나 베들레헴 사람들의 말과 행동을 단순하게 그 당시 한 마을의 이야기로 보는 것이 아니라 교회의 그림자로 이해하고자 합니다.

자, 이제 나오미는 베들레헴에 도착했습니다. 그리고 베들레헴 사람들이 나와서 나오미를 환영하고 있습니다. 이 환영과 인사 속에서 오늘날 교회는 무엇을 생각하고 배울 수 있는 것일까요? 이번 장은 양식이 풍성한 베들레헴, 하나님의 임재와 그리스도를 회복한 교회 공동체에서 울려 퍼지는 말이 어떤 것인지를 들어 볼 수 있을 것 같습니다.

1장 6절에 나오미가 베들레헴으로 돌아온 이유가 나옵니다.

여호와께서 자기 백성을 돌보시사 그들에게 양식을 주셨다 함을 듣고

나오미가 "빵집에 빵이 돌아왔다"는 소식을 듣고 고향으로 돌아가기를 결정했습니다. 앞에서 살펴본 것처럼, '교회에 하나님의 임재가 돌아왔다'는 말을 듣고 교회로 돌아온 것과 같습니다. 하나님의 얼굴과 능력이 회복된 교회, 교회가 그리스도로 충만해져 있는 것입니다.

그렇다면, 과연 주님의 임재가 회복된 교회가 갖는 특징은 무엇일까요?

베들레헴 특징, "너는 나오미가 아니다"

가장 먼저 발견되는 베들레헴의 특징을 베들레헴 사람들이 나오미를 처음 만났을 때 하는 말에서 유추해 볼 수 있습니다.

> 이에 그 두 사람이 베들레헴까지 갔더라 베들레헴에 이를 때에 온 성읍이 그들로 말미암아 떠들며 이르기를 이이가 나오미냐 하는지라(1:19)

나오미와 룻이 베들레헴에 들어갔을 때, 온 베들레헴 성읍이 떠들썩해졌습니다. 사람들이 나오미를 알아봤습니다. 10년이라는 세월이 길기는 하지만 또 성인의 얼굴도 알아보지 못할 정도로 긴 시간은 아닙니다. 마을 주민 중에는 10년 전 기근 때에 자기 가족만 살겠다고 이민을 간 엘리멜렉 집안에 대해 기억하는 사람들이 있었던 것입니다.

그들이 나오미에게 묻습니다. "이이가 나오미냐?" 본문 의미를 잘 풀이한 새번역을 보면 "이게 정말 나오미인가"입니다. 의문사가 아닌 감탄사입니다.

이것은 탄식입니다. "네가 정말 10년 전에 이곳을 떠났던 그 나오미가 맞느냐! 도대체 넌 왜 이렇게 심하게 망가졌느냐! 도대체 무슨 일이 있었길래 네 모양이 이리도 처량하냐! 네 남편은 어디에 있고 데려갔던 두 아들은 어디 있느냐! **기쁨**이라 불렸던 너는 도대체 어디 가고, 왜 이렇게 망가지고 부서져서 돌아왔느냐!" 하며 안타까워 하는 탄식입니다. 결국 베들레헴 사람들이 나오미에게 하는 말은 "너는 나오미이기는 하지만 나오미가 아니구나"라는 말을 한 것입니다.

여러분, 서론에서 우리는 풍족해진 베들레헴은 이 땅의 참되게 회복된 교회를 상징한다고 했습니다. 그렇다면 이 베들레헴 사람들이 지금 하는 말 역시, 이 땅의 회복된 교회가 빵을 찾고자 돌아온 이들을 향해 들려주어야 하는 말인 것입니다. 그리고 이것은 역사 속에 있는 참된 교회들의 공통된 특징들이었습니다. 참된 교회는 교회에 찾아오는 모든 사람을 향해 가장 먼저 분명하게 외치는 것이 있습니다. "당신은 죄인입니다!"라는 선언입니다. 〈룻기〉의 말로 하면 "너는 나오미가 아니구나!"라는 말, 즉 "당신은 의인이 아닙니다"라는 말을 하는 곳이 참된 교회인 것입니다.

이 땅의 교회가 엉망진창이 되고, 그 능력과 힘을 잃어버린 가장 큰 이유가 무엇일까요? 이 세상을 향해 죄인이라고 선포하지 않기 때문입니다. 그 결과 교회에서조차도 세상에서 얻은 신분을 그대로 인정하게 되었습니다. 세상에서 교수이면 교회에서도 교수이고, 세상에서 의사이면 교회에서도 의사입니다. 기업의 회장은 교회에서도 회장님이라고 불려야 한다고 생각하며, 실제 그렇게 불러 주고 인정하는 곳이 된 것입니다.

수년 전에 저는 직장에 다니는 장년 남성 제자반을 지도한 적이 있었습니다. 10명의 장년 남성들과 목요일 저녁에 모여서 3시간 동안 말씀을 나누고 삶을 나누며 기도하는 참 귀한 시간이었습니다. 저마다 직장에서 일을 하고 모이는 것이라 많이 피곤해하셨지만 하나님을 알고자 하는 열정이 대단했습니다. 그런데 이렇게 제자반이 시작되어 모임을 진행하는데, 그 가운데 한 분이 자신의 신분을 밝힐 수 없다는 것입니다. 제자 훈련의 핵심은 투명성인데 자기가 누구인지도 밝히지 않겠다는 분 때문에 처음부터 분위기가 심상치 않았습니다. 특히 그분이 제자반에서 가장 나이가 많은 분이셨기 때문에 더욱 어렵게 되었습니다. 나중에 어르신을 따로 만나 뵙고 그 부분에 대해 말씀을 드렸더니, 자기가 자신의 신분을 말하면 신앙 생활이 너무 어려워지는 것을 여러 번 경험을 해서 신분을 말하지 못한다고 하셨습니다. 그분은 알 만한 사람은 다 아는 대기업 대표 이사, 즉 회장이었던 것입니다. 저는 그 이야기를 듣고 하나도 놀라지 않았습니다. 왜냐하면 저는 재벌 대표 이사라는 말이 회장이라는 것을 의미하는지 전혀 몰랐기 때문입니다. 하나도 놀라지 않는 저를 보며, 그분이 더 놀라는 것 같았습니다. 그리고 이어지는 그분의 이야기를 들으니 그분이 교회에서 자신의 신분을 밝히지 못하셨던 이유를 알 것 같았습니다. 그분은 지금까지 교회를 다녀 볼 생각을 여러 번 했다고 합니다. 그래서 몇몇 유명하다는 교회를 찾아갔다고 합니다. 그런데 그렇게 교회에 가서 예배를 드리면 한 달이 안 되어서 누군가가 자기를 알아보더라는 겁니다. 그러고는 아직 새 가족반이 마치지 않았는데 담임 목사와 식사 자리를 만들어 놓고 부르더라는 것입니다. 평생을 사람 보는 일을 했고, 평생을 진짜인가 가짜인가를 분별하는 게 자기가 하던 일인데, 자기도 종교 중에 진짜와 가짜를 구분할 수 있다는 것이죠. 그리고 그분이 하시는 말씀이 "진짜 종교는 그러면 안 된다"였습니다. 그래서 그런 요청을 받으면 정중하게 거절하고 그 교회에 발길을 끊었다는 것입니다. 그래서 저는 그분에게, "그럼, 지금은 어떻게 교회에 정착을 해서 1년 동안 다니시고 제자 훈련까지 받으실 생각을 하셨어요?"라고 물었습니다. 그랬더니, "이상하게 이 교회는 1년이 다 되도록 제가 누구인지 알아보는 사람이 없더군요"라고 대답하셨습니다. 나 같은 사람을 이렇게 몰라봐 주는 교회는 처음이라서 이렇게 교회를 다니고 제자 훈련도 신청했다는 것입니다. 이제는 한 교회에 정착해서 기독교가 뭔지 찬찬히 배워 보고 싶다고 말하셨습니다. 그리고 이후에도 자신의 신분을 모르는 것처럼 대해 달라 부탁하셨습니다.

저는 지금껏 청년 사역만 했습니다. 그래서 기업 회장이 뭐하는 사람인지 전혀 몰랐습니다. 왜 그분이 신분이 들통날까봐 걱정하는지 그때는 잘 몰랐습니다. 저는 다른 제자반 남성들과 똑같이 그분을 대했습니다. 암송 못하면 혼내고, 과락된 시험 점수를 그대로 공개했습니다. 자기 인생의 절반밖에 살지 않은 풋내기 목사에게 혼나던 그분이 대단히 흡족해하며 했던 말이 있습니다. "제가 마지막으로 혼났던 게 30년 전이네요. 허허." 저는 우리는 죄인이며, 예수께서 흘리신 피가 없이는 절대 천국에 들어갈 수 없다고 전했습니다. 돈으로 들어갈 수 없는 하나님 나라를 전했습니다. 그분의 세상 신분이나 명예에는 전혀 신경쓰지 않았습니다. 그후 그분은 제자반에서 예수를 영접했고, 구원의 감격을 누리셨습니다.

여러분, 교회는 일단 이 공동체 안으로 들어오는 모든 사람에게 당신이 얼마나 가난한 사람인지를 깨닫게 해 주어야 합니다. 교회는 스스로를 나오미(기쁨)라고 생각하는 사람들, 스스로 부자라고 생각하는 사람들, 힘 있고 능력 있고 잘 생겨서 자기의 힘과 능력으로 교회 안에서도 인정받을 수 있고, 심지어 하나님께도 인정을 받아 천국도 황금 마차 타고 들어갈 수 있다고 생각하는 사람들의 높아진 마음을 철저하게 부수어 그 마음이 낮아지게 만드는 곳이어야 합니다. 교회는 세상을 향해 "너는 나오미가 아니야"라고 큰소리로 외쳐 주어야 합니다. 베들레헴은 나오미의 눈치를 보지 않았습니다. 나오미의 비참한 상태를 있는 그대로 말합니다. 이 땅의 교회인 우리 역시 이 땅과 인생의 비참한 상태를 그대로 말하고 전하는 공동체 되기를 소원합니다.

나오미의 첫 번째 자기 인식, "죄인 됨"

베들레헴 사람들의 진심 어린 탄식을 들은 나오미가 보이는 반응이 20-21절입니다.

> 나오미가 그들에게 이르되 나를 나오미라 부르지 말고 나를 마라라 부르라 이는 전능자가 나를 심히 괴롭게 하셨음이니라 내가 풍족하게 나갔더니 여호와께서 내게 비어 돌아오게 하셨느니라 여호와께서 나를 징벌하셨고 전능자가 나를 괴롭게 하셨거늘 너희가 어찌 나를 나오미라 부르느냐 하니라

핵심은 이것입니다. 나오미가 스스로 "나는 이제 나오미가 아니다, 더 이상 나오미라고 부르지도 말고, 이제부터는 나를 **마라**, 즉 쓴물, 고통이라고 불러라"라고 소개하는 부분입니다. 부연 설명을 보면, "여호와께서 내게 비어 돌아오게 하셨고, 여호와께서 나를 징벌하셨고, 전능자께서 나를 괴롭게 하셨기에, 그래서 나는 나오미가 아니다"라고 밝힙니다. 이 부분은 학자들마다 해석에 큰 차이를 보입니다. 나오미의 고백을 하나님께 대한 원망으로 보는 것과 자기에 대한 새로운 인식으로 보는 관점입니다. 전자는 부정적으로

후자는 긍정적으로 이 부분을 해석하고 적용한 것입니다.

나오미의 고백을 하나님을 원망하는 부정적인 관점으로 본다면, 지금 그녀는 심각한 자기 비하를 하고 있을 뿐 아니라 모든 상황을 하나님 탓으로 돌리면서 정제하지 않는 분노를 표출하는 것으로 볼 수 있습니다. 그러면 우리는 이 본문에 대해, "인생을 너무 비관적으로 보면 안 된다"라는 정도로 적용할 수 있을 것입니다. 아직 룻이 옆에 있는데 자신을 절망적으로 묘사하는 것은 정서적으로 좋지 않기 때문에 긍정적이고 적극적인 사고방식을 가지고 어려운 상황을 극복할 생각을 해야 한다고 적용할 수 있을 것입니다. 많은 사람들이 이렇게 해석하고 있습니다.

그러나 나오미의 고백은 부정적으로 읽기보다는 긍정적으로 읽는 것이 좋겠습니다. 나오미가 이제야 자기가 어떤 존재인지 알게 되었다는 것으로 말입니다. 왜냐하면 1장에서 살펴본 나오미의 상태가 결코 부정적인 상태로만 채워져 있지 않기 때문입니다. 일단 나오미는 완전한 사랑인 **헤세드**를 행하는 룻 옆에 있습니다. 그리고 회복된 이스라엘을 상징하는, 빵으로 풍성해진 베들레헴의 이웃들이 나오미를 둘러싸고 있습니다. 아직 뭔가 채워진 상태는 아니지만 텅 빈 것을 채우기 위한 위대한 준비가 진행되는 중에 나오미가 있습니다. 그렇다면 우리는 "나를 **마라**라 부르라"라는 나오미의 고백을 어떻게 읽어야 하는 것일까요?

저는 나오미가 베들레헴 여인들이 하는 자신에 대한 평가를 수용한 것으로 이해합니다. 앞에서 살펴봤지만, 베들레헴인 교회는 나오미에게 "너는 나오미가 아니다"라고 말했습니다. 다시 말해, "너는 너의 힘과 능력과 돈으로 영원한 하나님 나라에 들어갈 수 있는 존재가 아니다. 너는 죄인이다"라고 말한 것입니다. 그러자 주님의 사랑을 받은 죄인이 교회의 명확한 죄인 됨에 대한 선언 앞에서 대답합니다. "그렇습니다. 저는 **나오미**(의인)가 아닙니다. 저는 제 힘과 능력으로 천국에 갈 수 없음을 알고 있습니다. 저는 **마라**(죄인)입니다. 제게는 아무 의로움이 없으니 저를 불쌍히 여겨 주옵소서!"

조금만 더 깊이 들어가 볼까요? 본문에 나오미는 자신을 **마라**라고 부르라고 합니다. 구약에서 이 **마라**라는 말은 출애굽기 15장 23절에 처음 등장합니다. 모세가 이스라엘 백성을 데리고 갔던 한 지역의 샘물이 쓴 맛이 나서 사람들이 마실 수 없었을 때, 하나님께서 모세를 통해 샘물을 달게 만들어 사람들이 먹을 수 있게 해 주셨습니다. 그런데 이 고통과 씀을 의미하는 **마라**가 모세의 누이 **미리암**의 어원이 되며, 이후에 아람어로 바뀌면서 **마리아**라는 이름이 되었습니다. 저는 **마라**와 **마리아**가 같은 의미를 품고 있다고 확신합니다.

> 백부장과 및 함께 예수를 지키던 자들이 지진과 그 일어난 일들을 보고 심히 두려워하여 이르되 이는 진실로 하나님의 아들이었도다 하더라 예수를 섬기며 갈릴리에서부터 따라온 많은 여자가 거기 있어 멀리서 바라보고 있으니 그 중에는 막달라 마리아와 또 야고보와 요셉의 어머니 마리아와 또 세베대의 아들들의 어머니도 있더라 (마 27:54-56)

예수께서 십자가에서 돌아가시는 장면입니다. 그런데 그 옆에 많은 여자들이 있었습니다. 그러나 그들 가운데 이름이 기록된 여자들은 모두 **마리아**입니다. 막달라 마리아, 야고보와 요셉의 어머니 마리아입니다. 수많은 여인들이 있는데 왜 기록된 이름은 **마리아**뿐일까요? 또 예수의 어머니 이름이 **마리아**인 것이 과연 우연일까요? **마리아**는 고통입니다. 자신이 고통이라는 것, 자기 인생이 쓴물이라는 것을 아는 자라야 십자가에 달린 예수께서 이 쓴물을 단물로 바꾸시는 분이시라는 것을 인정한다는 메시지가 아닐까요? 그래서 **마라**라는 쓴물이 주님의 생수를 의미하는 단물로 바뀌는 구약 이야기가 있고, **마라**라는 이름을 가진 여인의 몸에서 생명이신 예수께서 태어나신 이야기가 있으며, 예수 그리스도의 영광스러운 승리를 보여 주는 십자가 주변에 있던 여인들의 이름도 **마라**라고 밝히는 것은 아닐까요?

여러분, 지금 나오미는 자신의 **마라** 됨을 고백하고 있습니다. 나는 기쁨이 아니라 철저하게 죄인이며, 이 죄인에게 은혜가 없으면 아무것도 할 수 없다고 인정하는 것입니다. 오직 자신이 병자라는 것을 아는 환자만이 의사에게 나아오듯, 나오미도 자신이 죄인인 것을 고백함으로, 죄를 사하시는 권세를 가지신 우리 주님 앞에 은혜를 구하며 나온 것입니다.

나오미의 두 번째 자기 인식, "이 모든 것이 하나님께로부터"

나오미의 고백에서 알 수 있는 또 하나의 변화는, 나오미 자신이 경험한 모든 것의 배후에는 하나님이 계시다는 것을 깨달은 것입니다. 나오미는 하나님을 **전능자**(샤다이)라고 표현하는데, 이 **샤다이**라는 말은 여호와 하나님의 능력을 강조하는 표현입니다. 다시 말해, 나오미는 "나는 능력의 하나님께 맞서서 이렇게 찢어졌습니다"라고 자신의 텅 빈 상황, 이 고통의 출처를 하나님이라고 말하고 있습니다.

"젊어 고생은 사서도 한다"라는 속담이 있습니다. 젊어서 하는 고생으로 인생의 중요한 교훈들을 배울 수 있기 때문에 결국에는 우리 인생의 고생도 유익이라는 의미가 담긴 속담입니다. 어떤 부분에서는 이 말이 맞습니다. 그러나 요즘은 반론도 많습니다. 이렇게 이 속담을 비꼬아서 만든 말도 있습니다. "젊어 고생은 절대 하지 마라, 골병든다." 저는 많은 청년들의 모습 속에서 후자의 속담 역시 많은 경우에 사실이라는 것을 알 수 있었습니다. 너무 힘들게 젊은 시절을 채워야 했던 청년들이 전혀 기를 펴지 못하는 상태로 오랜 시간을 보내는 것을 보았기 때문입니다. 똑같은 고생을 하는데, 어떤 사람은 무언가를 배우고 어떤 사람은 망가지기만 하더라는 것입니다. 저는 그것이 고난을 바라보는 관점의 차이 때문이라고 생각합니다.

고난 당할 때, 고난을 단순한 운명의 장난이라고 생각하는 성도는 고난을 통해 아무것도 배울 수 없습니다. 또 고난은 마귀의 장난이라고 생각하시는 분들 역시 고난을 통해 아무런 성숙을 기대할 수 없습니다. 문제가 외부에 있다고 생각하여 운이 나빠 걸렸다고 생각하기 때문입니다. 고난을 통해 무언가를 배우는 성도들의 공통점이 있습니다. 고난의 이유를 자신의 죄에서 찾거나 하나님의 선하신 계획, 즉 섭리에서 찾습니다. '내게 고난이 있는 것은 혹시 나의 어떤 죄 때문이 아닐까'라고 생각하여 자신을 깊이 돌아보고 성찰해서 자신이 짓고 있는 죄의 문제를 제거하려고 노력하는 분들은 죄된 습관들을 벗어남으로써 성숙합니다. 또 자기 죄의 결과가 아니라는 것을 하나님 앞에서 확인한 성도가 그 고난 앞에서 하나님의 선하신 계획을 믿으며 인내로 고난을 통과해 갈 때, 성도는 또 한 걸음을 앞으로 나아가게 됩니다. 지금은 알 수 없지만 분명 하나님께서 모든 고난의 이유를 알게 하시는 날이 있을 것이라는 것과 궁극적으로 고통의 시간을 통과한 후에 성숙할 나에 대한 기대를 가질 수 있기 때문입니다. 나의 삶이 우연이 아니라는 것, 모든 일에 하나님의 섭리가 있다고 고백하며 하나님의 회복의 때를 기다리며 인내하기 때문입니다.

고난의 이유를 하나님 안에서 찾는 자는 특별한 복이 있습니다. 하나님께서 행하실 회복을 구할 수도 있기 때문입니다. 제 아들이 7살 때 혼자 놀다가 넘어져 팔이 골절되었습니다. 병원에 데려가니 성장판이 있는 부분이 골절되어서 외과적 수술이 필요하다는 진단을 받았습니다. 아들의 팔에는 두 개의 철심이 박혔고, 6주 동안 팔 전체에 깁스를 했습니다. 6주가 지나 다시 병원에 갔더니 뼈가 잘 붙었고, 박았던 철심 두 개를 뽑으면 모든 치료가 끝난다는 말을 들었습니다. 그러고는 의사가 제게 철심을 어떻게 제거하기를 원하냐고 물으면서 둘 중에 하나를 택하라고 했습니다. 하나는 아이를 전신 마취를 해서 철심을 빼는 것이고, 다른 하나는 마취 없이 부모가 아이를 잡고 있는 동안에 철심을 빼는 것이었습니다. 의사는 전신 마취를 하려면 경비도 경비이지만, 마취가 아이에게 좋지 않은 영향을 미칠 수 있기에 가능하면 부모가 붙잡은 상태에서 철심을 빼는 게 좋다고 추천했습니다. 저는 아이의 몸에 좋은 방법대로 하자고 했고, 제가 아들을 꼭 붙잡은 상태에서 의사가 팔 관절에 박힌 두 철심을 뽑는 시술을 결정했습니다.

철심 제거 시술 때, 의사가 공구함에서나 볼 수 있는 펜치 같은 기구를 들고 왔습니다. 저는 아들의 등 뒤에서 아들의 양 팔을 붙들어 고정했습니다. 아들의 팔에는 6주 동안 박혀 있던 철심이 있었고 의사는 사정 없이 펜치로 철심을 뽑기 위해 비틀었습니다. 6주나 아이의 뼈에 박혀 있던 철심에 살이 엉켜 붙어 있었기 때문에 철심은 단번에 빠지지 않았습니다. 의사는 철심을 여러 차례 비틀었고 아들은 온몸을 부들부들 떨며 비명을 질렀습니다. 의사는 전혀 개의치 않고 철심을 뽑는 데만 집중했습니다. 아들이 제게 소리를 쳤습니다. "아빠, 그만요. 아빠 아빠!" 제 손등에 뭔가 뜨거운 것이 떨어졌습니다. 아들의 눈에서 떨어진 눈물이었습니다. 아들의 눈은 붉게 충혈

되어 있었고, 태어나 처음 느껴보는 육체적인 고통 때문에 경기를 일으켰습니다. 아들은 계속해서 "아빠!"를 불렀습니다.

여러분, 제가 아이를 놔 주었을까요? 살려 달라고 사정하는 제 아들의 비명을 저는 들었습니다. 지금도 고통과 두려움에 떨고 있는 아들의 떨림이 제 온몸에 느껴집니다. 그러나 여러분, 저는 아들을 놔줄 수 없었습니다. 아니 더 힘을 내서 아들이 발버둥치지 못하도록 더 꽉 붙잡을 수밖에 없었습니다. 저는 철심이 뽑혀야 아들의 팔이 온전해질 수 있음을 알고 있었고, 사랑하는 아들에게 고통을 주는 이가 악한 사람이 아니라 내 아들을 치료하기 위한 의사임을 알고 있었기 때문에 더욱 아들을 붙잡을 수밖에 없었습니다. 두 철심을 뽑는 시술이 끝났습니다. 저는 아들을 풀어 주었습니다. 아들은 붉게 충혈된 눈과 원망이 가득한 얼굴로 저를 외면했습니다. 아빠에게 실망한 것입니다. 아빠가 원망스러운 것입니다. 하지만 저는 알고 있습니다. 그 고통의 시간이 우리 아이에게 중요한 시간이었다는 것을요. 그렇게 아파야만 온전해질 수 있었다는 것을 알고 있었단 말입니다. 그리고 언젠가 아들도 그 고통이 자기를 향한 아빠의 사랑이었음을 알게 될 날이 올거라 믿었습니다.

훗날 호세아 선지자가 하나님을 떠난 이스라엘 백성들에게 이런 외침을 했습니다.

> 오라 우리가 여호와께로 돌아가자 여호와께서 우리를 찢으셨으나 도로 낫게 하실 것이요 우리를 치셨으나 싸매어 주실 것임이라(호 6:1)

호세아는 지금 우리가 여호와께 돌아가야 하는 이유를 말하면서, "여호와께서 우리를 찢으셨고 …… 우리를 치셨"기 때문이라고 말합니다. 왜일까요? 우리의 고통과 아픔이 그분에게서 나왔다는 것을 알아야, 그분이 우리를 도로 낫게 하실 분이시라는 것도 알 수 있기 때문입니다. 우리가 하나님께 회개하고 돌아갈 수 있는 이유 중 하나는 고난의 출처가 하나님이시라는 것에 대한 깨달음입니다. 여러분, 나오미를 보십시오. "전능자가 나를 심히 괴롭게 하셨다"라고 두 번이나 말했고, "여호와께서 내게 비어 돌아오게 하셨다"라고 자신의 슬픈 마음을 토로했습니다. 그런데 지금 이렇게 말하는 나오미는 자신을 때리고 자기를 비우신 여호와, 자신을 심히 괴롭혔다고 말했던 그분을 향해 걷고 있습니다. 왜냐하면 나오미는 이 슬픔과 괴로움과 고통을 주신 이가 여호와이시기에, 이 모든 것의 회복도 여호와 하나님께 달려 있음을 믿었기 때문입니다.

나오미는 자신을 향해 매를 드셨던 하나님 아버지를 향해, 아파하며 울며 그러면서도 다가가기를 선택한 것입니다. 매를 들고 계신 하나님의 손을 본 것이 아니라 그 매를 들고 자신을 때리시는 하나님 아버지의 고통으로 일그러진 얼굴을 본 것입니다. 그리고 그분의 얼굴에서 아버지의 사랑을 본 것입니다. 그래서 울면서 때리고 있는 아버지에게 다가가 두 팔로 아버지를 덥석 안은 것입니다. 아버지는 매를 떨어뜨리셨습니다. 울며 다가와 자신을 안은, 많이 맞아 아픈 딸을 아버지는 더 이상 때리실 수 없습니다. 아버지는 손에 있던 매를 놓았습니다. 그리고 그 큰 손과 편 팔로 당신의 딸을 안아 주십니다. 더 이상 때릴 이유가 없기 때문입니다. 이미 배워야 할 것을 다 배웠기 때문입니다.

마라에게 예고된 은혜

자기가 누구인지 정확하게 알고, 또 자기를 치신 분이 누구인지 아는 나오미가 룻을 데리고 베들레헴, 자신을 때리셨던 하나님의 임재로 충만한 신앙 공동체로 돌아왔습니다. 이제 그들은 자신들의 찢겨진 것들과 상한 것들의 치유와 회복을 경험할 것입니다. 22절은 이 텅 빈 것이 어떻게 채워질지에 대한 예고입니다.

> 나오미가 모압 지방에서 그의 며느리 모압 여인 룻과 함께 돌아왔는데 그들이 보리 추수 시작할 때에 베들레헴에 이르렀더라(1:22)

성경 기자는 일부러 두 여인이 베들레헴에 들어온 그때가 '보리 추수 시작할 때'라고 밝힙니다. 나오미가 이것을 계산하고 온 것은 아닙니다. 도착했더니 **바로 그때**였습니다. 보리를 추수하는 그때, 베들레헴에 빵이 넘치는 바로 **그때**에 두 과부가 베들레헴에 도착한 것입니다. 이렇듯 그들이 베들레헴에 도착한 시기를 보리 추수 때라고 밝히는 것은, 그들이 받을 하나님의 회복 역사를 예고하는 것입니다. 그들이 돌아온 때가 **은혜의 때**, **축복의 때**라는 것입니다. 성경은 '빵집으로 돌아온 빵 없는 이들'이 이제 어떻게 풍성해질지 독자로 하여금 기대하게 만드는 것입니다.

여러분, 이 '보리 추수 시작할 때'를 이 시대 교회의 상황으로 바꾸어 적용할 수 있을까요? '보리 추수 시작할 때'에는 유대인 명절이 있습니다. 바로 유월절입니다. 애굽에서 이스라엘 백성이 해방된 것을 기념하는 명절입니다. 먼 훗날 우리 예수께서도 스스로를 이 유월절 '어린양'으로 묘사하셨고, 자신이 십자가를 지고 죽는 것을 일부러 이 절기에 맞추셨습니다. 그래서 신약 성도인 우리에게 이 유월절은 우리를 위해 희생 제물이 되신 예수 그리스도를 가장 많이 생각나게 하는 명절입니다. 그런데 하필 나오미와 룻이 베들레헴에 돌아간 그때가 바로 그 유월절을 앞둔 '보리 추수 시작할 때'였습니다.

자신이 죄인임을 알고, 내 생 가운데 있었던 많은 일이 좋은 일이건, 나쁜 일이건 다 하나님께로 나온 것이며, 모든 일이 하나님 아버지께 돌아오라는 사인인 줄 알고 돌아간 교회에서 결국 만난 것은 유월절 어린양으로 이 땅에 오신 예수라는 것입니다.

그분이 우리를 치셨습니다. 그래서 그분이 우리를 싸매실 것입니다. 그분이 우리를 텅 비게 하셨습니다. 그러나 그분이 이제 돌아온 우리를 가득 채우실 것입니다. 사랑하는 여러분, 이 '보리 추수가 시작할 은혜의 때'를 경험하시기를 주님의 이름으로 축원합니다. 그리고 특별한 은혜의 때에, 하나님의 유월절 어린양으로 우리에게 찾아오시는 예수 그리스도를 만나 함께하시는 인생이 되시기를 축원합니다.

룻기 2장 1-13절

나오미의 남편 엘리멜렉의 친족으로 유력한 자가 있으니 그의 이름은 보아스더라 모압 여인 룻이 나오미에게 이르되 원하건대 내가 밭으로 가서 내가 누구에게 은혜를 입으면 그를 따라서 이삭을 줍겠나이다 하니 나오미가 그에게 이르되 내 딸아 갈지어다 하매 룻이 가서 베는 자를 따라 밭에서 이삭을 줍는데 우연히 엘리멜렉의 친족 보아스에게 속한 밭에 이르렀더라 마침 보아스가 베들레헴에서부터 와서 베는 자들에게 이르되 여호와께서 너희와 함께하시기를 원하노라 하니 그들이 대답하되 여호와께서 당신에게 복 주시기를 원하나이다 하니라 …… 룻이 엎드려 얼굴을 땅에 대고 절하며 그에게 이르되 나는 이방 여인이거늘 당신이 어찌하여 내게 은혜를 베푸시며 나를 돌보시나이까 하니 보아스가 그에게 대답하여 이르되 네 남편이 죽은 후로 네가 시어머니에게 행한 모든 것과 네 부모와 고국을 떠나 전에 알지 못하던 백성에게로 온 일이 내게 분명히 알려졌느니라 여호와께서 네가 행한 일에 보답하시기를 원하며 이스라엘의 하나님 여호와께서 그의 날개 아래에 보호를 받으러 온 네게 온전한 상 주시기를 원하노라 하는지라 룻이 이르되 내 주여 내가 당신께 은혜 입기를 원하나이다 나는 당신의 하녀 중의 하나와도 같지 못하오나 당신이 이 하녀를 위로하시고 마음을 기쁘게 하는 말씀을 하셨나이다 하니라

4
사랑이 사랑을 낳고

우리 만남은…… 우연이 아니다

가수 노사연 씨가 부른 국민 가요 중 하나인 '만남'(1989년)이라는 곡이 있습니다. 다사다난(多事多難)했던 한 해를 생각하다 문득 떠오른 가사였습니다. 제 삶이 그저 우연들로 이루어진 것이 아니라는 것을 깨달았습니다. 그 가사는 '운명'이라고 표현했지만 저는 이 '운명'을 '섭리'라는 단어로 바꿔 넣어봅니다. **섭리**(providence)는 '하나님은 자신이 창조하신 만물을 그 계획하신 목적에 합당하게 유지하시고 보전시키실 필요가 있는데, 이를 위한 모든 과정'을 의미하는 신학 용어입니다. 풀어서 말하면, 하나님은 우리의 인생과 이 땅의 역사에 대해 계획을 가지고 있고, 그 계획을 이루시기 위한 수많은 절차와 과정에 대한 생각도 가지고 계십니다. 그리고 하나님은 인간의 인생과 역사 속에서 그 계획하신 것을 이루시기 위해 수많은 사건에 간섭하셔서 결국에는 당신의 뜻을 이루십니다. 이 모든 것을 묶어서 우리는 **섭리**라고 부릅니다.

우리는 이 시간, 하나님의 백성에게 돌아온 나오미와 룻이 어떤 일을 하는지 그리고 하나님께서는 이렇게 돌아오는 사람들을 위해 무엇을 준비하셨는지를 살펴보도록 하겠습니다. 베들레헴으로 돌아온 두 과부의 삶에는 어떤 것들이 펼쳐져 있을까요? 과연 노동력이 절대적이었던 고대 사회에서 보호자 없는 늙은 과부인 나오미의 노년은 어떠하며, 아무런 보호도 받을 수 없이 이스라엘 땅에 들어간 젊은 모압 과부의 인생은 어떻게 될까요? 과연 무엇으로 하나님은 믿음의 여정 위에 선 이 여인들을 채우실까요?

룻과 나오미의 베들레헴에서의 일상

우리는 많은 것을 기대하며 2장을 열었습니다. 대부분 우리는 믿음으로 어떠한 일을 결단했고 그 의도가 선한 것이었다면, 그 결과는 분명 하나님께서 축복해 주실 것이라고 생각하기 때문입니다. 하나님께서 어떤 방식으로 이들의 삶을 충만하게 하실지에 대한 기대를 가졌습니다. 그런데 막상 펼쳐지는 이야기는 그렇게 놀랍지 않습니다. 나오미와 룻이 약속과 회복의 땅 베들레헴에 돌아왔지만, 그들이 경험해야 하는 삶의 고단함과 피곤함은 여전했습니다.

> 모압 여인 룻이 나오미에게 이르되 원하건대 내가 밭으로 가서 내가 누구에게 은혜를 입으면 그를 따라서 이삭을 줍겠나이다 하니 나오미가 그에게 이르되 내 딸아 갈지어다 하매(2:2)

그들은 베들레헴에 도착했습니다. 그들이 도착했을 때, 동네가 떠들썩 했습니다. 동네 여인들이 와서 나오미에게 이런저런 많은 이야기를 했습니다. 그런데 그러한 떠들썩함이 가라앉자, 나오미와 룻은 자신들에게 아무것도 없다는 것을 발견하게 됩니다. 10년 전 이민을 나오면서 뭐라도 남겼어야 했는데, 정말 깔끔하게 다 처분해 버렸던 것입니다. 어찌어찌하여 기거할 집은 얻을 수 있었던 것 같습니다. 그러나 그 외의 상황은 너무나 절망적이었고, 특별히 당장에 끼니를 해결할 방법이 없었습니다. 이 상황에서 며느리 룻이 시어머니에게 "추수하는 누군가의 밭에 가서, 떨어진 이삭을 주워 오겠습니다"라고 말합니다.

룻이 말하는 것을 보면, 그녀는 모세의 율법에 대해 아는 것 같습니다.

> 너희가 너희의 땅에서 곡식을 거둘 때에 너는 밭 모퉁이까지 다 거두지 말고 네 떨어진 이삭도 줍지 말며 네 포도원의 열매를 다 따지 말며 네 포도원에 떨어진 열매도 줍지 말고 가난한 사람과 거류민을 위하여 버려두라 나는 너희의 하나님 여호와이니라 (레 19:9-10)

이것은 이스라엘 사회가 가지고 있던 사회 복지 정책이었습니다. 주인은 자기 밭의 소출 중에 일부가 이런 자연스러운 방식으로 가난한 자들에게 흘러갈 수 있도록 해야 했습니다. 율법은 그러한 부분들까지 강제하며 가난한 자들의 생존 문제에 관심을 가지고 있었습니다. 룻은 이 율법을 알았습니다. 가난한 사람과 타국인을 위한 복지 제도, 바로 룻과 나오미를 위한 복지 제도라 생각했던 것입니다.

거기다 지금은 베들레헴이 보리 추수를 시작하는 기간입니다. 일꾼들이 본격적으로 추수를 합니다. 그럼 어쩔 수 없이 떨어지는 이삭과 부러지는 보리 줄기가 있습니다. 율법대로 하면 일꾼들은 이삭과 보리 줄기들을 챙길 수 없고 그대로 두어야 합니다. 왜냐하면 가난한 자와 타국인의 하루 끼니가 되기 때문입니다. 지금 룻은 나오미에게 이 떨어진 보리 낱알을 주워 오겠다고 말한 것입니다. 이스라엘 율법에 의지하여 이삭을 줍겠다는 모압 며느리에게 시어머니 나오미가 "내 딸아 갈지어다"(2:2)라고 말합니다.

여러분, 시어머니의 허락을 구하는 며느리의 마음은 어떠하며, 며느리의 요청을 듣고 허락할 수밖에 없는 나오미 마음은 어떠할까요? 또한 기근이 끝나고 풍요로워진 땅에서 여전한 흉년을 경험하는 두 여인의 마음은 어떨까요? 과연 이들에게 희망은 있는 걸까요?

예수를 믿으면, 한순간에 우리 인생의 문제들이 해결될 것이라고 생각하고 교회에 오신 분은 십중팔구 큰 실망을 안고 교회를 떠납니다. 왜냐하면 교회에 출석하고 신앙을 가졌다고 해서 당사자가 겪는 실제 어려움이 바로 해결되지 않기 때문입니다. 물론 하나님께서 특별한 은혜를 주셔서 즉각적으로 문제 해결을 경험할 수도 있습니다. 그러나 그런 일이 보편적으로 모든 성도에게 있는 것은 아닙니다. 오히려 안 좋은 상황 그대로 있는 경우가 많습니다.

제가 어느 교회에서 집회를 인도하는데 집회 전에 성도 중 한 분의 간증 순서가 있었습니다. 나이 지긋하신 권사님이 나오셔서 일찍 남편을 여의고 홀로 키운 세 딸들이 얼마나 잘 되었는지 나눴습니다. 자녀 중 한 명은 교사, 한 명은 법관, 마지막 한 명은 의사가 되었고 저마다 번듯한 남자들과 결혼하여 가정을 이뤘다는 내용입니다. 남편이 없는 빈 자리 때문에 하나님을 간절히 붙들었고, 매일 새벽 하나님 앞에 눈물로 기도했다는 이야기도 들을 수 있었습니다. 그 간증을 들으면서 많은 성도들이 함께 울었고, 세 자녀의 성장 마지막 이야기는 성도 모두 박수를 쳤습니다. 그런데 저는 그 간증이 끝나고 난 후에 성도들에게 전했습니다. 우리 권사님께서 지금은 웃으실 수 있지만, 적어도 30년 동안은 웃지 못하셨을 거라고 말이죠. 우리는 결론만 듣고 부러워하지만, 그 과정까지 함께 부러워하지는 않을 거라고 말씀드렸습니다. 어쩌면 간증할 게 없는 인생들이 더 감사해야 하는 삶일 수 있다는 말도 했고요. 앞서 간증을 하셨던 권사님도 고개를 끄덕이셨습니다. 왜냐하면 하나님의 은혜로 세 딸이 다 잘된 건 감사하지만, 평생 남편 없이 분투하며 사셨던 그 시간들은 결코 남에게 추천할 만큼 좋은 일은 아니셨기 때문입니다.

여러분, 때로 간증은 위험합니다. 대부분 간증은 하나님의 뜻과 무관한 내용들입니다. 대부분 간증의 중심에는 나와 나의 필요만 있습니다. 내 필요가 채워지면 선한 것이고, 내 필요가 채워지지 않으면 악한 것입니다. 그래서 대부분의 간증은 나에게 또는 우리 가정에 어렵고 힘든 일이 있었는데 하나님께 간절히 나아갔더니 주님이 그 문제를 해결해 주셨다가 됩니다. 그런데 여러분, 제가 알기로 신실한 하나님의 사람들 가운데 아픈 이도, 가난한 이도, 자녀로 인해 속상해 하는 이도 있었습니다. 그런 분들에게 지금 이 시대 교회 공동체 속에 있는 수많은 간증들은 과연 어떻게 들려질까요? 어떤 의미에서 간증은 이러한 분들에게는 고문 아닐까요? 현실적으로도 어려운데, 심지어 하나님도 나를 사랑하시지 않는 것처럼 느끼게 만들기 때문입니다.

나오미와 룻이 베들레헴으로 돌아오는 결단을 했음에도 이들의 상황은 아직 나아지지 않았습니다. 그들은 사회 하층민이 하는 이삭줍기를 하지 않고는 당장 끼니를 이을 수 없었습니다. 분명 신앙의 선택으로 풍요해진 빵집으로 돌아왔는데 그들의 허기진 배는 여전히 비어 있었습니다. 우리도 마찬가지입니다. 믿음을 회복했는데 문제는 여전할 수 있습니다. 그러나 문제 속이라도 믿음을 잃어버리지 마십시오. 하나님이 간섭하실 것입니다.

우연과 섭리

이스라엘은 본래 빈민층을 위한 사회 안전망으로 추수 때 떨어지는 낱알을 가난한 사람들이 주워 갈 수 있도록 율법으로 정하고 있었습니다. 하지만 어두운 사사 시대에는 아마도 그러한 법을 시행하는 마을은 거의 없었을 것이라고 생각됩니다. 그런데 다른 마을들에서 이미 사라져 버린 이 율법을 베들레헴에서는 이례적으로 시행했던 것입니다. 이것은 베들레헴이 당시 사회 속에서 그래도 특별한 하나님의 가치를 구현한 마을이었음을 증명하는 증거입니다.

그러나 여러분, 그렇게 떨어지는 낱알이 많으면 얼마나 많겠습니까? 그렇게 떨어진 낱알을 모아서 과연 얼마의 식량을 얻을 수 있을까요? 하루 내내 이삭을 주워 모아 하루 끼니를 때울 수 있을 정도이지 그것으로 생계를 유지할 수는 없었을 것입니다. 또 추수기가 지나면 이 일은 사라져 버리는 일입니다. 무언가 다른 좀 더 안정적인 대책이 필요합니다. 그때 룻이 **보아스**라는 유력한 친족을 만났습니다.

> 룻이 가서 베는 자를 따라 밭에서 이삭을 줍는데 우연히 엘리멜렉의 친족 보아스에게 속한 밭에 이르렀더라 마침 보아스가 베들레헴에서부터 와서 베는 자들에게 이르되 여호와께서 너희와 함께하시기를 원하노라 하니 그들이 대답하되

여호와께서 당신에게 복 주시기를 원하나이다 하니라 (2:3-4)

3절과 4절에서 제가 나누고 싶은 것은 이 구절 속에 들어 있는 두 단어 **우연히**와 **마침**입니다. 룻이 **우연히** 찾아간 밭이, 나오미의 유력한 친족인 보아스의 밭이었습니다. 그리고 그렇게 룻이 밭에 **우연히** 들어가 이삭을 주울 때, 밭의 주인이던 보아스가 **마침** 도착했습니다. 일단 이 두 사건은 이 일을 행하는 사람에게 특별한 의도가 없다는 점에서 **우연**입니다. 룻은 보아스가 누구인지 몰랐고, 일하는 밭의 주인이 누구인지에도 관심이 없었습니다. 베들레헴에서 추수하고 있는 여러 밭 가운데 인심 좋아 보이는 어느 밭에 들어간 것입니다. 보아스도 마찬가지입니다. 그에게는 여러 밭이 있었고 추수를 위한 다른 여러 가지 업무도 있었을 것입니다. 그런데 **마침** 그 밭에서 일하는 일꾼들을 격려하려 밭에 나왔습니다. 그리고 룻이 **우연히** 이삭을 줍고 있었습니다. 다 **우연**입니다. 그런데 여러분, 정말 이 모든 것이 다 **우연**일까요?

이 부분에 대해 김회권 교수는 **신적인 우발성**(신이 의도를 가지고 만든, 우연을 가장한 필연)이라는 단어를 사용해서 표현했습니다. 하나님 편에서는 의도를 가지고 이 모든 상황을 움직여 가는데 그 속에 있는 인간들의 편에서는 전혀 의도가 없이 움직인다는 것입니다. **신적 우발성**, 참 정확한 단어인 것 같습니다. 과연, 우리 인생은 **우연**과 **마침**뿐이었던 것일까요? 아니면 내게 우연처럼 보이는 일들이 실상은 그 사건들의 배후에서 일하시는 하나님의 계획과 그 계획을 이루시는 그분의 능력의 손에 의해 빚어진 것일까요?

어떤 이들은 이 질문을 **섭리**와 **자유 의지**의 대립으로 읽을 것입니다. "하나님께서 우리 인생을 그분의 계획대로 인도하시는가? 아니면, 하나님은 우리에게 자유 의지를 주셨기 때문에 우리가 우리의 인생을 선택하고 개척해 나가는 것인가?"라고 서로 함께할 수 없는 두 가지 중에 한 가지를 선택해야 하는 문제로 생각하는 것입니다. 그러나 아닙니다. 우리는 **섭리**와 **자유 의지**를 하나로 묶어 이해하고 삶 가운데 적용할 수 있습니다. 제가 신학대학원을 다닐 때, 저를 지도해 주셨던 교수님께 여쭸던 적이 있습니다. "교수님, 설교는 설교자가 준비하는 건가요? 성령께서 행하시는 건가요?" 신대원 1학년다운 질문이었습니다. 교수님께서는 빙그레 웃으시며 이렇게 대답하셨습니다. "준비할 때는 마치 성령께서 이 세상에 없는 것처럼 성경을 연구하시고 원고를 작성하십시오. 그리고 원고를 들고 강단에 올라갈 때는 준비한 원고가 없는 것처럼 성령께 의지하십시오." 제가 들은 설교에 대한 조언들 중에 가장 중요한 조언이었습니다. **우연**과 **섭리**가 함께할 수 있는 자리가 있다는 얘기입니다.

저는 고등학교를 다닐 때만 해도 제가 나온 대학을 다니게 될 것이라고는 전혀 생각하지 못했습니다. 가장 큰 이유는 당시 제가 서울에 이 대학이 있는지 몰랐기 때문입니다. 수능 시험을 봤고, 점수가 나왔습니다. 수능 당일에 컨디션이 좋았는지 평소 모의고사보다 성적이 높게 나왔고 상위 3퍼센트에 들었습니다. 당시 입시 제도에서는 수능 점수를 가지고 요즘의 '수시'와 같은 무시험 전형인 '특차'를 지원할 수 있었습니다. 3퍼센트라는 제 점수를 가지고 특차를 지원할 수 있는 곳은 많았습니다. 우리가 잘 아는 신촌에 있는 Y대나 관악구에 있는 S대만큼은 아니지만 역시 신수동에 있는 S대를 지원할 수 있었습니다. Y대는 아슬아슬했고, S대는 안정권이었습니다. 제 진학 지도 선생님께서는 한 번 Y대에 도전해 보라고 말씀해 주셨습니다. 그런데 문제는 아버지셨습니다. 아버지께서 강경하게 유명한 두 학교는 절대 안 된다고 하셨습니다. "Y대는 자유주의 신학을 가르치는 학교이고, S대는 가톨릭 학교여서 안 된다. 어디 목사 아들이 그런 학교를 가려고 하느냐!"라고 말씀하셨습니다. 여러분, 저는 목사 아들이기는 했지만 자유주의가 뭘 말하는 건지 한 번도 들어본 적이 없었고, 가톨릭 학교에 다닌다고 해서 신부가 될 것도 아닌데 아버지께서 정말 너무하시다는 생각을 했습니다. 저는 강경하신 아버지를 이길 수 없었습니다. 그리고 아버지께서 추천하신 학교가 제가 졸업한 상도동에 있는 S대였습니다. 아버지는 그 대학이 좋은 학교라는데, 저는 원서를 쓰기 전까지 한 번도 그 대학에 대해 들어 본 적이 없었습니다. 나중에 아버지께서 말씀하는 것을 들으니, 그 학교가 기독교 학교이기 때문이었습니다. 저는 지방을 떠나 서울로 상경할 수 있다는 생각만 가지고, 그 학교에 입학 원서를 냈습니다. 그런데 입학 통지서에 쓰여 있는 문구를 보고 안 것은 제가 입학 성적 장학생이 되었다는 내용이었습니다. 당시 개척 교회를 하시던 아버지는 어려운 상황 속에서 제 대학 입학금을 걱정하시던 터라, 이 소식에 눈물을 흘리시며 감사해 하셨습니다. 저 역시 하나님께서 학비 걱정 없이 공부할 수 있도록 하신 배려가 아니었을까 생각했습니다. 더 중요한 것은 그 학교에서 정말 신실한 믿음을 가진 선배들을 만날 수 있었다는 점입니다. 그리고 그들의 헌신적인 사랑과 관심 속에서 저는 진짜 신앙을 가질 수 있게 되었습니다. 학교의 선교 단체가 신앙적으로 방황하는 저를 잡아 주었고, 선교 단체에서 리더로 섬기는 중에 만난 자매가 지금 저와 함께 교회를 섬기는 사모가 되었습니다.

사랑하는 여러분, 분명히 제가 의도했던 것이 아닙니다. 저는 제가 기독교 대학에 들어간 것을 지금 생각해도 이해할 수 없습니다. 그런데 조금 더 생각해 보면, 그 대학에 원서를 냈기 때문에 제 삶에 채워진 것이 너무 많습니다. 신앙도 믿음의 동역자들도 배우자도 진로도 다 그곳에서 이전과 전혀 다른 모습으로 바뀌었기 때문입니다. 지금 저는 감사하다고 하나님께 말씀드릴 수 있습니다. 이 모든 것은 하나님의 섭리였고, 인도였고, 묘수였다고 말이죠.

여러분, 수많은 우연과 우연이 만나 지금 저희가 한 하나님을 섬깁니다. 우리가 누구였는지를 진지하게 생각해 보셨으면 좋겠습니다. 과연, 우리가 하나님을 믿을 수 있는 사람이었습니까? 우리가 이렇게 교회에 와서 예배하게 된 이유가 뭘까요? 전혀 이야기하지 않았을 법한 사람들과 소그룹으로 묶여 내 속 이야기를 하는 이유는 무엇일까요? 생판 남인 성도들을 위해 기도하는데 왜 눈물이 나는 걸까요? 우리가 어떻게 이렇게 바뀌었습니까? 저는 이 모든 일에 하나님의 섭리, 신적인 우발성이 개입되어 있다고 확신합니다. 우리 만남은 우연이 아닙니다. 룻과 보아스의 만남도 결코 우연이 아닙니다. 이 만남은 하나님의 우연을 가장한 필연이었습니다. 이제 그분께서 뭔가를 하시려고 합니다.

사랑이 사랑을 낳고

보아스는 밭에서 이삭을 줍는 여인에게 관심을 갖고 물어봅니다. 여러 가난한 사람들이 이삭을 주웠을 텐데 보아스의 눈에 이 여인이 도드라져 보인 겁니다. 추수하던 종들은 룻을 나오미와 함께 온 모압 여인으로 소개합니다. 성실하게 아침부터 쉬지 않고 이삭을 주웠다는 설명도 해 주었습니다. 보아스는 이 말을 듣고 룻에게 와서 이렇게 권합니다.

> 보아스가 룻에게 이르되 내 딸아 들으라 이삭을 주우러 다른 밭으로 가지 말며 여기서 떠나지 말고 나의 소녀들과 함께 있으라 그들이 베는 밭을 보고 그들을 따르라 내가 그 소년들에게 명령하여 너를 건드리지 말라 하였느니라 목이 마르거든 그릇에 가서 소년들이 길어 온 것을 마실지니라 하는지라(2:8-9)

보아스는 룻을 향해 "내 딸아 들으라"로 대화를 시작합니다. 보아스와 룻 사이가 마치 아버지와 딸만큼의 나이 차이가 났던 것을 보여 줍니다. 시집갈 나이가 된 딸을 두신 교회 어머니들이 하시는 말씀 중에, "우리 딸이 보아스 같은 남자를 만났으면 좋겠다"라고 하시는 분이 있을 것입니다. 룻기를 대충 읽으셨기 때문에 그런 말이 나온 것 같습니다. 보아스는 지금 중노인에 속하며, 이미 결혼한 적도 있는 사람입니다. 결코 우리 어머니들이 좋아하실 만한 사윗감은 아닙니다.

아무튼, 이런 오해를 제하고 순수한 의도로 보아스를 보면, 보아스는 룻을 향해 세 가지를 약속하고 있습니다. 첫째는 충분한 수입에 대한 약속이고, 둘째는 안전에 대한 약속이고, 셋째는 복지에 대한 약속입니다. 보아스는 룻에게 추수가 끝날 때까지 자신의 밭에서 이삭을 줍도록 허락했습니다. 수입에 대한 보장입니다. 또 일하는 동안 자신의 종들에게 명령해서 건드리지 못하도록 하겠다고 했습니다. 당시 아무런 법적 보호를 받을 수 없는 젊은 이방 여인에 대한 안전 조치입니다. 언제든지 목이 마르면 일꾼들이 마시는 물을 달라 하여 마시도록 허락한 것은 최소한의 근무 여건에 대한 약속입니다. 여러분, 이런 약속이 별것 아닌 게 아니라 지금 당장 룻에게 가장 필요한 실제적인 약속을 해 준 것입니다. 모든 것이 불안한 룻을 위한 보호의 울타리가 된 것입니다. '도대체 이 사람이 지금 왜 이러나?'라는 생각이 들 만큼 룻에게 특별한 배려를 해 준 것입니다. 그래서 나오는 룻의 반응입니다.

> 룻이 엎드려 얼굴을 땅에 대고 절하며 그에게 이르되 나는 이방 여인이거늘 당신이 어찌하여 내게 은혜를 베푸시며 나를 돌보시나이까 하니(2:10)

"나는 당신들이 혐오하는 이방 여인입니다. 그런데 당신은 왜 저에게 이런 은혜를 베푸시며 돌봐 주십니까?"라고 룻이 물었습니다. 왜 물어보았을까요? 룻이 느끼기에도 이것은 너무 과한 배려였기 때문입니다. 좀 더 노골적으로 표현하면, "당신 내게 무슨 흑심을 가지고 있어서 이런 배려를 하는 것 아닌가요?"라고 묻는 것입니다. '세상에 공짜가 없다'는 것을 룻도 아는 것 같습니다. 당신이 이렇게 나에게 잘해 주는 것을 보니, 내게 무언가 원하는 것이 있는지 묻는 것이죠. 룻은 여기서 분명하게 자신에게 잘해 주는 보아스와 선을 그으려 한 것 같습니다. 이제 보아스는 "왜 젊은 이방 여인 룻에게 이런 특혜를 베풀었는지" 설명해야 합니다. 잘못 설명하면 여자 마음을 돈 주고 살 수 있다고 생각하는 속물이 될 참입니다. 그는 과연 무엇이라고 대답할까요?

> 보아스가 그에게 대답하여 이르되 네 남편이 죽은 후로 네가 시어머니에게 행한 모든 것과 네 부모와 고국을 떠나 전에 알지 못하던 백성에게로 온 일이 내게 분명히 알려졌느니라(2:11)

보아스의 말입니다. "나는 두 가지 때문에 자네에게 잘해 주고 싶었네. 하나는 자네가 남편이 죽은 후에 시어머니에게 얼마나 선하게 대했는지에 대해 들었고, 또 자네가 베들레헴으로 돌아가겠다는 시어머니를 돌보기 위해 자신의 부모와 고국을 떠나 알지 못하는 백성에게로 온 사랑을 들었기 때문이네. 자네의 그 아름다운 행함과 이유들 때문에 내가 자네에게 선대하는 것이 마땅하다고 생각했네."

우리는 1장에서 룻이 텅 빈 여인 나오미를 어떻게 사랑했는지 살펴봤습니다. 아무것도 아닌 나오미의 인생을 룻이 끌어안았으며, 둘이 하나가 되어 베들레헴으로 돌아왔다는 이야기였습니다. 아주 작고 사소한, 아무도 알아줄 것 같지 않은 이야기입니다. 그런데 이 이야기가 이미 여기저기 소문이 난 것입니다. 그리고 "자네가 헤세드의 사랑으로 자네 시모를 섬겼기에, 나 역시 자네에게 헤세드의 사랑을 베풀 수밖에 없었다네"라고 보아스가 말하는 것입니다. 저는 이 부분에서 "사랑이 사랑을 낳고"라는 말을 떠올리게 됩니다.

제가 교육 전도사 1년차로 작은 교회를 섬길 때였습니다. 그때 산상 수훈 중 긍휼에 대한 말씀을 전하려고 할 때였습니다.

긍휼히 여기는 자는 복이 있나니 그들이 긍휼히 여김을 받을 것임이요(마 5:7)

그런데 어떻게 설교를 해야 할지 도무지 모르겠더라고요. 뭐가 긍휼인지, 또 긍휼히 여김을 받는다는 것이 어떤 의미인지 도무지 정리가 되지 않았습니다. 주석들을 보고 설교 내용을 정리할 수는 있겠지만 그런 설명이 제 마음을 감동하거나 한번 해 볼 만한 것으로 여겨지지 않았습니다. 마음이 낙담되었습니다. 설교 원고를 작성하기는 했지만 하나님과 성도 앞에 너무나 죄송한 설교 준비였습니다. 그래도 어쩔 수 없이 주일이 되어 교회에 나와 11시 대예배에 오는 성도들을 맞이했습니다. 그때 제가 가르치던 유치부 아이들이 교회로 걸어 올라오는 모습이 보였습니다. 당시 일곱 살과 다섯 살이던 형제가 가파른 언덕 위에 있는 교회를 향해 걸어오는 모습을 보니 벌써 지쳐 있었습니다. 교회 앞에 거의 올라왔을 때, 갑자기 동생이 바닥에 앉아 버리면서 힘들다더니 울기 시작했습니다. 동생이 울자 형이 당황했습니다. 저는 형이 어떻게 하는지 궁금해서 그냥 보고 있기로 했습니다. 그때 일곱 살배기 형이 울고 있는 동생 앞에 가더니 자신의 등을 보이고 앉는 것입니다. 그러더니 "야, 업혀. 내가 업어 줄게!" 일곱 살배기 형이 다섯 살 난 동생을 등에 업었습니다. 형은 비틀거리며 교회 본당으로 향하는 계단을 향해 걸었습니다. 참 위태해 보이는 뒷모습이었습니다. 일곱 살짜리가 다섯 살짜리를 긍휼히 여겼습니다. 그리고 그 긍휼 때문에 동생을 등에 업고, 자신이 올라갈 수 없는 계단을 비틀거리며 올라가려 합니다. 그 형을 보고 있던 어른인 제 마음이 갑자기 울컥했습니다. 제 안에 있던 어떤 것이 확 일어난 것입니다. 저는 이 아이들의 뒤로 가서 소리 없이 두 아이를 번쩍 들었습니다. 그리고 두 아이를 2층에 있는 본당까지 번쩍 들어 옮겨 주었습니다. 아이들을 뒤로 하고 내려와 현관문 앞에 섰을 때, 저는 제 안에서 올라왔던 것이 **긍휼**이라고 부르는 것임을 알았습니다. 갑작스럽게 눈물이 나는 것입니다. 몇 권의 주석을 읽었을 때는 이해할 수 없었던, 마태복음 5장 7절, "긍휼히 여기는 자는 복이 있나니 그들이 긍휼히 여김을 받을 것임이요"라는 말씀이 이해되었기 때문입니다. 긍휼은 긍휼을 낳습니다.

여러분, 하나님께서 보아스라는 인물을 통해 룻의 인생을 돌보셨던 이유가 무엇일까요? 룻이 나오미를 향해 보인 선함(헤세드)이 하나님의 마음에 있는 긍휼(헤세드)을 건드린 것입니다. 룻이 아무리 열심을 내고 노력을 해도 나오미의 텅 빈 것을 채울 수는 없습니다. 룻 자신도 가난한 이방인 어린 과부에 불과합니다. 그런데 룻이 나오미를 **헤세드**로 품었습니다. **헤세드**하고 있는 룻을 아버지 하나님이 보셨습니다. 그때 그분의 **헤세드**가 폭발한 것입니다. 그분은 가만히 계실 수 없습니다. 그분이 직접 팔을 펼치셔서 텅 빈 두 여인의 인생을 채우는 것입니다. 성도 여러분, 주님의 긍휼이 필요하다 여기십니까? 그렇다면 여러분의 긍휼이 필요한 영혼을 향해 나아가십시오. 주께서 둘 다 당신의 긍휼로 덮으실 것입니다.

참된 위로의 나라

> 여호와께서 네가 행한 일에 보답하시기를 원하며 이스라엘의 하나님 여호와께서 그의 날개 아래에 보호를 받으러 온 네게 온전한 상 주시기를 원하노라 하는지라 룻이 이르되 내 주여 내가 당신께 은혜 입기를 원하나이다 나는 당신의 하녀 중의 하나와도 같지 못하오나 당신이 이 하녀를 위로하시고 마음을 기쁘게 하는 말씀을 하셨나이다 하니라 (2:12-13)

보아스의 구체적인 도움과 제안 이후 축복은 이어집니다. "하나님께서 자네가 행한 것을 보답하시기를, 또 하나님께서 자네에게 온전한 상을 주시기를 원하네. 룻, 자네가 한 일이 하나님이 보시기에 좋았다네"라고 말한 것입니다. 그리고 하나님께서 이 모든 것에 대해서 **온전한 상**을 주실 거라고 축복해 주었습니다. 그런데 이 과정에서 보아스가 사용하는 룻을 수식하는 표현이 특이합니다. "이스라엘의 하나님 여호와께서 그의 날개 아래에 보호를 받으러 온 네게"(2:12)라는 표현입니다. 이것은 룻이 단순하게 남편과 시모에 대한 의리 때문에 베들레헴으로 온 것이 아니라는 것을 포함하고 있습니다. 이유가 룻이 베들레헴으로 온 이유 중 아직까지 어디에도 표현되지 않았던 신앙 때문이라고 지금 보아스가 말하고 있습니다. 보아스는 룻의 이 모든 선택의 중심에 있던 신앙적 이유를 정확하게 알고 있었던 것입니다.

보아스의 특별한 관심이 부담스러웠던 룻, 지금 무언가 꿍꿍이가 있지 않을까 생각하던 룻이 보아스의 이 말을 듣고 마음에 자유를 얻었습니다. 오직 하나님만 알고 있는 자신의 중심을 아는 사람이 악할 수 없기 때문입니다. 룻은 이렇게 대답합니다. "나는 당신이 내게 행하는 그 모든 선대를 받겠습니다. 당신이 제공하겠다는 모든 것을 감사하게 받겠습니다. 그리고 특별히 당신이 저에게 하신 그 축복, 정말 감사합니다." 오직 하나님과 자신만 알고 있는 마음의 이야기를 알아 주고 그 마음을 위로하고 축복한 보아스에게 룻은 마음을 열어 온전한 감사를 표현한 것입니다.

사랑하는 성도 여러분, 룻이 시어머니와 함께 돌아온 이야기(시어머니의 텅 빈 인생과 하나가 되려 한 젊은 며느리의 사랑과 헌신)는 세상에 유명하고 힘 있는 사람들의 수많은 영웅담 속에 묻혀 사라질 수 있는 이야기였습니다. 사람들은 베들레헴 촌구석에서 일어난 이런 이야기에 관심을 가질 만큼 한가하지 않습니다. 사람들이 잠깐 이야기를 하겠지만 어느 누구도 이 스토리를 주의깊게 생각하지 않았을 것입니다. 그런데 보아스는 이 소소한 이야기를 정확하게 알고 있었고, 심지어 이 이야기 안에 담겨 있는 룻의 마음 중심까지도 알고 있었던 것입니다.

우리는 지금 〈룻기〉를 살펴보며, 〈룻기〉가 무엇을 가리키는 표지인지에 대해 말씀드렸습니다. 그렇다면 보아스는 누구를 상징하는 인물일까요? 또한 보아스가 '룻의 이야기'와 '그 마음을 안다'는 것은 우리에게 어떤 의미가 있는 걸까요?

먼저, 보아스는 누구를 상징합니까? 우리 하나님입니다. 우리 하나님은 어떤 분이십니까? 그분은 이 세상에 작고 초라한 사람들의 소소한 이야기를 아시며, 그 이야기들 가운데 있는 우리 마음을 아시는 분입니다. 모든 소소한 이야기들 사이에 거하시는 분입니다. 그렇다면, 우리네 이야기들은 어떻습니까? 우리가 만들어 내는 수많은 이야기들은 과연 누군가가 기억해 줄 이야기들입니까? 아닙니다. 우리가 만들어 내는 대부분 이야기는 나와 내 가족 몇 명 정도만 기억하는 이야기일 뿐입니다. 그마저도 기억 속에서 점점 사라져 갈 것입니다. 슬프지만 우리가 만들어 내는 이야기들은 그저 소소한 수많은 이야기 중 하나일 뿐입니다. 그런데 감사한 것은 그런 우리의 소소한 이야기들을 하나님께서 다 기억하고 계시다는 것입니다. 때로 세상은 우리의 수고를 전혀 알아 주지 않습니다. 우리의 사랑과 헌신을 기억해 주지 않습니다. 하나님은 그런 마음으로 서운해진 우리에게 말씀하십니다.

> 너희의 믿음의 역사와 사랑의 수고와 우리 주 예수 그리스도에 대한 소망의 인내를 우리 하나님 아버지 앞에서 끊임없이 기억함이니(살전 1:3).

우리 주님께서는 다 알고 계십니다. 그거면 되는 거 아닐까요? 이 세상 날 몰라 줘도 우리 주님이 날 알아 주시면, 그리고 내 마음까지 알고 계시다면 그거면 된 거 아닙니까? 이 시간 우리 주님이 우리를 알아 주신다는 것으로 위로와 격려를 얻기를 축원합니다.

성도가 누리는 위로

성도는 이 땅에서 고난당할 수 있습니다. 말 못할 서러움을 경험할 수 있습니다. 우리가 행한 아름답고 선한 일들을 아무도 알아주지 않을 수도 있습니다. 룻이 나오미를 위해 헌신을 했으나 그녀는 여전히 이삭을 줍는 가난한 과부 신세를 벗어나지 못했던 것처럼, 우리가 하나님께 순종하고 이웃을 사랑으로 섬기며 산다고 해도 우리가 겪는 어려움이 당장 해결되지 않을 수도 있습니다. 거기다 우리는 앞으로 얼마나 더 아파하며 인내해야 할지도 모릅니다. 저는 우리의 고통과 한숨이 곧 끝날 것이라는 희망적인 메시지를 드리고 싶습니다. "이 모든 문제가 꽃피는 봄이 오면, 새해가 시작되면 사라질 것입니다"라고 단호하게 외칠 수 있으면 좋겠는데, 그렇게 말하는 것은 거짓말 같습니다. 제가 아는 세상은 성경의 진리나 제가 듣고 경험한 삶에 따르면 긍정적 사고를 통해 단순하게 정리되거나 해결되는 곳은 아니기 때문입니다.

사랑하는 성도 여러분, 제가 말씀을 근거해서 할 수 있는 말은·이것입니다. 이 땅에서 우리는 위로받지 못할 수도 있고, 아무도 우리의 수고와 헌신을 알아주지 않을 수 있지만, 하나님 앞에서 올바른 성도로서 살았다면 하나님께서 주시는 위로를 받을 것입니다. 하나님은 다 보고 계셨고 다 기억하셨으며, 결국에는 다 채우실 것입니다.

베들레헴으로 돌아갔더니, 그곳에 이 땅 위에 오신 하나님을 상징하는 '유력한 자' 보아스가 있었습니다. 그곳에는 **우연**과 **마침**으로 역사하시는 하나님이 계셨습니다. 그리고 하나님은 자신을 믿는 룻의 믿음과 사랑과 헌신, 그리고 성도로서의 삶을 포기하지 않는 모습을 보고 계셨다는 것을 확인해 주셨습니다. 우리는 룻을 위로하는 보아스의 모습 속에서 우리가 경험할 위로를 볼 수 있습니다. 그러니 우리는 절대 이 땅에서 주려 죽지 않습니다. 이 땅에서 주려 죽을 것 같은 상황이라도 우리는 죽을 수 없습니다. 왜냐하면 하나님께서 우리를 보고 계시기 때문입니다. 현재 우리가 너무 힘든 상황이라면, 그것은 아버지 하나님께서 우리에게 뭔가를 가르치시기 위해 잠시 동안 우리를 그 상황에 두신 것입니다. 이런 상황에서 우리가 그분이 내 주신 문제를 풀어 배우기만 한다면, 우리는 다시 회복할 것입니다.

그러니, 힘을 내십시오. 긍정적으로 사고하라는 말이 아닙니다. 하나님께서 우리를 보고 계신다는 믿음을 가지라는 말입니다. 저는 이것을 **종말론적인 위로**라고 하고 싶습니다. 어려운 상황이 오래 간다 해도, 또 어쩌면 이 땅에서 그 매듭을 풀어 낼 수 없다 할지라도, 주님께서 이 모든 상황을 보고 계시다는 것을 믿는 것입니다.

> 장로 중 하나가 응답하여 나에게 이르되 이 흰 옷 입은 자들이 누구며 또 어디서 왔느냐 내가 말하기를 내 주여 당신이 아시나이다 하니 그가 나에게 이르되 이는 큰 환난에서 나오는 자들인데 어린양의 피에 그 옷을 씻어 희게 하였느니라 그러므로 그들이 하나님의 보좌 앞에 있고 또 그의 성전에서 밤낮 하나님을 섬기매 보좌에 앉으신 이가 그들 위에 장막을 치시리니 그들이 다시는 주리지도 아니하며 목마르지도 아니하고 해나 아무 뜨거운 기운에 상하지도 아니하리니 이는 보좌 가운데에 계신 어린양이 그들의 목자가 되사 생명수 샘으로 인도하시고 하나님께서 그들의 눈에서 모든 눈물을 씻어 주실 것임이라 (계 7:13-17)

여러분, 이것이 우리가 경험할 마지막 모습입니다. 만약 우리가 이 땅에서의 시간들을 통해 우리 주님의 뜻을 위해 순종하며 살았다면 우리는 이 날을 경험할 것입니다. 반드시 주님이 우리를 불러서 말씀하실 것입니다. "사랑하는 내 아들아 딸아, 나는 네가 했던 모든 헌신과 사랑과 수고를 안다. 너는 이 땅에서 신실하게 내가 네게 맡긴 것들을 감당했다. 그러니 이제 더 이상 울지 않아도 된다. 내가 널 내 날개로 덮을 것이다." 주님께서 우리의 눈물을 씻겨 주실 날을 기대하며 또 믿음으로 사랑하며 순종하는 우리가 되기를 축원합니다.

롯기 2장 14-19절

식사할 때에 보아스가 룻에게 이르되 이리로 와서 떡을 먹으며 네 떡 조각을 초에 찍으라 하므로 룻이 곡식 베는 자 곁에 앉으니 그가 볶은 곡식을 주매 룻이 배불리 먹고 남았더라 룻이 이삭을 주우러 일어날 때에 보아스가 자기 소년들에게 명령하여 이르되 그에게 곡식 단 사이에서 줍게 하고 책망하지 말며 또 그를 위하여 곡식 다발에서 조금씩 뽑아 버려서 그에게 줍게 하고 꾸짖지 말라 하니라 룻이 밭에서 저녁까지 줍고 그 주운 것을 떠니 보리가 한 에바쯤 되는지라 그것을 가지고 성읍에 들어가서 시어머니에게 그 주운 것을 보이고 그가 배불리 먹고 남긴 것을 내어 시어머니에게 드리매 시어머니가 그에게 이르되 오늘 어디서 주웠느냐 어디서 일을 하였느냐 너를 돌본 자에게 복이 있기를 원하노라 하니 룻이 누구에게서 일했는지를 시어머니에게 알게 하여 이르되 오늘 일하게 한 사람의 이름은 보아스니이다 하는지라

5
아,
보아스

사람은 떡으로만 사는 게 아니다

존 스튜어트 밀은, "배부른 돼지보다 배고픈 인간이 되는 것이 더 낫다. 만족스러운 바보보다 불만족스러운 소크라테스가 되는 것이 더 낫다"라고 했습니다. 그는 '질적 공리주의자'라고 불린 사람입니다. 이 철학자가 살았던 산업 혁명 당시, "인간은 먹는 것과 입는 것과 사는 것에서 얻는 만족이 최고다"라고 한 철학자 벤담의 '양적 공리주의'가 대세였습니다. 그래서 사람은 이러한 기본적인 욕구가 채워지면 행복하기 때문에 기본 욕구를 채워 주는 것이 바른 정치라고 주장했습니다. 이에 반해 밀은, 인간은 단지 먹고 살기 위해 존재하는 것이 아니라 좀 더 고상한 삶을 영위해야 할 이유가 있다고 주장했습니다. 이것을 구분해서 '질적 공리주의'라고 불렀습니다.

심리학자 매슬로는 '욕구 단계설'이라는 이론을 주장했습니다. 인간의 욕구에도 단계가 있어서, 하나의 욕구가 충족되면 다음 단계의 욕구가 나타나서 그 충족을 요구하는 식으로 진행된다는 것입니다. 매슬로는 가장 기본적인 단계의 생리 욕구에서, 안전의 욕구로, 애정 및 소속의 욕구로, 존경을 받고 싶은 욕구로, 마지막에 자아실현의 욕구로 발전한다고 정리했습니다. 제가 이 이론을 보면서 특이하다고 여기는 부분은 마지막 단계에 해당하는 자아실현의 욕구입니다. 다른 이하의 욕구들은 충족이 되면 더 이상 매력이 없는데, 마지막 자아실현의 욕구는 충족하면 충족할수록 더욱 증대되는 특성이 있다고 말하기 때문입니다.

존 스튜어트 밀이나 매슬로의 주장의 공통분모를 성경에서 찾아보면 이렇게 말할 수 있습니다. "사람은 떡으로만 사는 것이 아니다." 이 땅의 모든 동물은 두 가지 본능에 의해 움직인다고 합니다. 개체 보존욕과 종족 보존욕입니다. 그래서 먹고 자고 싸고 생식하는 가장 기본적인 생존 욕구들만 채워지면 동물은 만족하며 살 수 있답니다. 그런데 인간은 단지 기본적인 생존 욕구들이 채워진다고 해서 만족하지 못합니다. 인간은 문명의 발전으로 먹고 사는 문제가 해결되었음에도 불구하고, 사람들이 심한 정신적 어려움을 느끼며 우울해 하고 자살하는 것이 그 증거입니다. 자살하는 사람들 중 많은 경우는 단순히 먹는 문제가 해결되지 않았기 때문이 아니라 좀 더 높은 수준의 욕구들이 채워지지 못했기 때문에 극단적인 선택들을 하더라는 것입니다.

우리는 지금 〈룻기〉를 함께 나누고 있습니다. 〈룻기〉는 텅 빈 나오미와 시어머니와 함께 텅 빈 삶을 자처한 며느리 룻의 인생이 하나님의 임재를 상징하는 베들레헴에서 어떻게 채워지는지에 대한 이야기입니다. 그리고 하나님은 이 두 여인을 채우고 계십니다. 〈룻기〉를 통해, 말씀 가운데 임하시는 주님의 은혜가 신자들에게 찾아와 우리의 빈 마음을 채우시길 기대합니다.

실재적 필요를 채우는 보아스의 선대

2장 전반부에서 룻은 보아스의 밭에서 이삭을 줍던 중 **우연**과 **마침**으로 찾아오신 하나님의 은혜를 경험했습니다. 보아스는 대번에 룻을 알아보았습니다. 그리고 그녀가 시어머니 나오미에게 한 **헤세드**에 대한 칭찬과 이스라엘의 하나님의 날개 아래 보호를 받기 위해 온 며느리 룻에게 온전한 상을 주시기를 원한다는 축복을 해 주었습니다. 보아스는 룻의 마음을 알아주었습니다. 룻은 누군가 자신이 한 일을 알아줄 것을 기대한 것은 아니지만 자신이 한 모든 일의 동기가 시어머니에 대한 사랑이었다는 것과 하나님의 백성이 되고 싶은 마음, 즉 신앙 때문이었다는 것을 알아준 보아스가 고마웠습니다. 이 사건은 룻에게 큰 위로가 되었습니다. 룻은 보아스에게 마음을 열었고, 보아스가 보인 호의를 기쁨으로 받았습니다. 여기서 보아스는 한 걸음 더 룻에게 다가왔습니다. 먼저, 보아스는 룻에게 당장 현실적으로 필요한 것을 채워 주고 있습니다.

> 식사할 때에 보아스가 룻에게 이르되 이리로 와서 떡을 먹으며 네 떡 조각을 초에 찍으라 하므로 룻이 곡식 베는 자 곁에 앉으니 그가 볶은 곡식을 주매 룻이 배불리 먹고 남았더라(2:14)

일을 하던 중에 점심 시간이 되었습니다. 밭의 주인인 보아스와 일꾼들이 한자리에 모였습니다. 그들을 위해 준비된 식사를 먹고 있었습니다. 이 식사는 일꾼들을 위한 도시락이지 밭에서 이삭을 줍는 가난한 사람들을 위한 식사는 아니었습니다. 아마도 일꾼들이 식사하러 모일 때, 룻은 일꾼들이 보리를 베고 간 자리에서 계속 허리를 숙여 떨어진 이삭을 줍고 있었을 것입니다. 한 톨이라도 더 줍지 않으면, 오늘 저녁 시모 나오미와 함께 먹을 저녁마저 충분하지 않을 수 있기 때문입니다. 일꾼들의 식사가 시작되고, 볶은 곡식과 떡 향기가 납니다. 식사하는 사람들의 행복한 소리가 들립니다. 룻은 이삭줍기에 집중하려 합니다. 하지만 음식 냄새와 사람들의 왁자지껄하는 소리에 도무지 일에 집중할 수가 없습니다. 갑자기 배 속에서 꼬르륵하는 소리가 납니다. 그때 보아스가 그녀를 식탁의 자리로 초청한 것입니다.

지금, 룻에게 가장 필요한 것은 무엇입니까? 하나님의 위로와 격려가 물론 필요합니다. 신앙적인 권면도 필요합니다. 그러나 지금 이 순간 가장 필요한 것은 밥입니다. 아침부터 정오까지 쉼 없이 일했습니다. 아마 해 뜨기 전에 밭으로 나와야 했기에 아침도 먹지 못했을 것입니다. 먹은 것 없이 나와 오전 내내 일했습니다. 그리고 그녀가 가진 것이라고는 탈곡되지 않은 주운 낟알뿐입니다. 그녀는 배가 고프단 말입니다. 그때 그렇게 밭 한쪽에 웅크려 이삭을 줍던 룻에게 보아스의 목소리가 들려옵니다. "이리로 와서 떡을 좀 먹게. 떡 조각을 줄 테니 그 조각을 신 포도주에 찍어서 먹어 보게." 이렇게 보아스가 자신의 식탁에 룻을 초청했습니다. 룻은 그들과 함께 밥을 먹을 수 있게 되었습니다.

우리는 앞서 룻이 자신의 전부를 쏟아부어 시모 나오미를 **헤세드**했다는 것을 보았습니다. 그리고 그런 룻을 하나님께서 바라보고 계셨고 이 룻을 **헤세드**했습니다. 그 하나님의 **헤세드**를, 모든 사람이 알아볼 수 있는 방식으로 보여 준 인물은 보아스입니다. 그런데 보아스가 가장 먼저 한 일은 룻의 허기진 배를 채워 주는 것이었습니다. 돌아온 빵집에서 빵을 살 돈이 없는 사람을 향해 아낌없이 빵을 나눠 주는 사람이었습니다. 선지자 이사야가 이런 예언을 했습니다.

> 너희 목마른 자들아 물로 나아오라 돈 없는 자도 오라 너희는 와서 사 먹되 돈 없이 값 없이 와서 포도주와 젖을 사라(사 55:1)

보아스가 목마르고 돈 없는 룻을 향해 돈 없이, 값 없이 와서 포도주와 젖을 먹으라고 초청한 것입니다. 룻은 이 초청을 받아들이고 그 자리에 들어가 허기진 배를 채웁니다.

여러분, 성도가 이 땅에서 행해야 하는 사랑의 방식은 무엇일까요? 저는 오랫동안 청년들을 섬기면서 알게 된 것이 있습니다. 기독 청년들이 성도의 사랑에 대해 오해하고 있다는 점입니다. 기독교가 말하는 사랑, 기독교가 가르치는 사랑을 뭔가 신비하고 종교적인 것으로만 국한시켜 생각하는 것입니다. 가령 기도해 주는 것, 말씀을 가르쳐 주는 것, 함께 예배를 드리고 신앙적인 상담을 해 주는 것같이 신앙적인 색채가 많이 드러나는 행위들만 성도의 사랑이라고 생각하는 것입니다. 그러나 성경은 성도의 사랑을 그렇게 이야기하지 않습니다. 성경이 말하는 성도의 사랑은 상대방의 필요에 구체적이고 실제적으로 반응하는 것입니다. 물론 상대방의 필요를 다 채워 줄 수 없습니다. 공부하고 싶다는 사람의 학비를 내 주거나, 취업이 필요한 자에게 일자리를 알선해 주는 것은 제가 할 수 있는 범위 밖의 일입니다. 그러나 만약 성도들 중에 돈이 없어 밥을 못 먹거나, 교통비가 없어 여기저기 활동을 할 수 없거나, 당장에 잘 곳이 없는 사람이 있다면, 우리가 그런 어려운 성도의 필요를 적극적으로 채워 주는 것이 사랑입니다.

사랑하는 여러분, 제가 여러분에게 '사랑하는'이라는 수식을 붙였다는 것은 '언제든 밥을 못 드셨으면 말해 달라'는 의미이며, 동시에 '제가 밥을 사겠다'는 의미입니다. 그리고 여러분이 잘 곳이 없으시면 '저를 찾아오라'는 의미입니다. 어찌 됐건 성도 간에 먹거리와 잠자리는 마련하겠다는 의미입니다. 가장 기본적인 상대의 필요를 돌봐 주지 않으면서 서로를 향해 "형제, 자매"라고 부를 수 없습니다. 성도인 우리는 눈과 귀를 열어 우리 주변에서 들리는 소리들과 보이는 것들에 집중하면 좋겠습니다. 어떤 경우에는 말하지 않는 아우성도 있습니다. 그 아우성을 듣고 그들을 향해 나아갈 때, 우리는 성경이 말하는 사랑을 행하는 자가 되는 겁니다. 주께서 우리를 사랑을 행하는 자리에 세우시기를, 그리고 그런 사랑을 행할 수 있는 힘과 능력도 주시기를 축원합니다.

보아스의 세심한 선대

그런데 보아스가 초청한 식탁의 교제는 또 다른 특징이 있습니다. 대단히 섬세한 방식으로 보아스가 룻의 마음을 헤아리고 배려하고 있는 부분들입니다. 먼저 14절에 보면 룻이 앉아 있는 위치가 나옵니다.

> 룻은 곡식을 베는 자 곁에 앉으니

지금 보아스는 단순히 이삭줍기나 하는 사회적 약자를 구제하는 것처럼 식사 자리 한쪽 끝에 룻을 앉힌 것이 아닙니다. 자신의 밭에서 일하고 있는 일꾼들과 한자리에 그녀를 앉힌 것입니다. 그리고 보아스도 일꾼들과 같은 자리에 둘러앉아서 식사하고 있습니다. 이곳은 상하 구분이 없는 원탁 식사인 셈입니다. 서로가 서로에게 허물 없이 음식을 권하는 자리, 그 자리로 룻을 초청한 것입니다.

지금 보아스가 하고 있는 것이 무엇일까요? 룻을 거지가 아니라 일꾼으로 대우하는 것이며, 동시에 사람 취급을 해 준 것입니다. 룻의 존재가 그녀가 가지고 있는 소유에 한정되지 않는다는 것을 보여 준 것입니다. 너와 나는 하나님의 백성으로 함께 식사할 수 있는 관계임을 천명한 것입니다.

세상은 '갑과 을'을 구분하여 이야기합니다. 원래 갑과 을은 사업을 하는 사람들 사이에서 계약서를 쓸 때 서로를 지칭하는 문구였습니다. 원래 이 단어는 법적인 효력을 지닌 계약서를 작성할 때, 이해 당사자를 구분하는 단어였습니다. 주로 주도권을 쥐거나 제품이나 서비스를 제공받는 자를 '갑'으로, 이를 제공하는 자를 '을'로 표시한 것입니다. 하지만 이 말은 알게 모르게 갑은 '앞'이고, 을은 '뒤'라는 순서의 의미로 변질되었습니다. 분명 갑을 관계는 원래 동등한 계약 당사자란 뜻이었지만 현재는 주종 관계의 다른 표현이 된 것입니다. 그러더니 어느 순간 이 단어는 세상의 많은 관계들을 규정하는 말이 되어 버렸습니다. 그리고 일명 "갑의 횡포"라는 말로 자행되는 나쁜 갑들의 이야기가 매체에 나오기 시작했습니다.

우리는 대기업 임원이 비행기 안에서 라면을 끓여 달라고 요청하고, 그 라면이 짜다는 이유로 승무원에게 언어적 폭력을 행사했던 이야기를 들었습니다. 또 백화점 지하 주차장에서 일명 사모님이라는 사람이 주차 요원들을 무릎 꿇게 하고 빌게 한 이야기를 접했습니다. 그것뿐입니까. 아파트 주민들이 아파트 경비원에게 비인격적인 대우를 했고, 그 대우를 이기지 못한 경비원이 스스로 목숨을 끊은 사건도 접했습니다. 세상은 온통 갑과 을이라는 구분, 서로의 소유를 가지고 평가해서 지배하는 자와 지배를 받는 자로 사람을 구분하고 있습니다.

사랑하는 여러분, 이것은 단순하게 관용어 하나가 더 생겼다 정도의 일이 아닙니다. 인간의 고유한 가치를 돈과 바꿔 버린 것입니다. 돈이 모든 것의 기준이 되는 세상이 되었습니다. 우리는 인간이 그 자체로 얼마나 존귀한지 생각하지 못하게 된 것입니다. 갑에 의해 을이라고 규정되고, 을 취급을 받던 분들이 힘들어 하던 것이 이것입니다. 매를 맞고, 욕을 얻어 먹고, 이런저런 불이익을 당한 세부적인 것들도 그분들의 마음을 힘들게 했을 것입니다. 그러나 더 중요한 것은 그분들의 존재와 인격이 손상을 입은 것입니다. 경비원이기 이전에 누군가의 남편이고, 누군가의 아버지였습니다. 그런데 자존심이 심하게 상한 것이죠. 회복될 수 없을 만큼 짓밟힌 것입니다. 이것은 단지 의식주 문제를 넘어, 인간의 존재에 대한 '가진 자들의 폭력' 때문에 일어난 일이었습니다.

보아스는 룻을 이삭줍는 거지 중 하나로 취급하지 않았습니다. 그녀를 한 인격으로 대우했습니다. 그녀가 앉아야 할 자리를 일꾼들 옆에 만들어 놓고 초청한 것입니다. 이삭줍는 그녀와 다른 음식을 먹은 것이 아니라 함께 둘러앉아 같은 음식을 먹었습니다. 밥 먹는 자리는 높낮이가 있고 계급이 있는 곳이 아니라 둥글고 평탄한 장소였습니다. 그곳에서 오전 내내 일한 사람들이 모여 준비한 식사를 함께 나누었습니다. 그 뒤에 있는 성경 구절에서 우리는 보아스의 세심함을 다시 확인할 수 있습니다.

> 룻이 이삭을 주우러 일어날 때에 보아스가 자기 소년들에게 명령하여 이르되 그에게 곡식 단 사이에서 줍게 하고 책망하지 말며 또 그를 위하여 곡식 다발에서 조금씩 뽑아 버려서 그에게 줍게 하고 꾸짖지 말라 하니라 (2:15-16)

보아스는 자신의 밭에서 일하는 사람들에게 명령합니다. "룻을 곡식 단 사이에서 줍게 해 주고, 책망하지 말고, 또 그녀를 위하여 곡식 다발에서 조금씩 뽑아 땅에 버려 그녀로 줍게 하고 꾸짖지 말라." 이런 것은 세상에 없는 친절입니다. 어떻게든 허비하는 것이 없도록 해야 한다는 말은 주인이 일꾼들에게 해야 하는 명령입니다. 그런데 지금 거꾸로 보리를 베어 단을 묶을 때, 일부러 곡식 다발을 바닥에 흘려서 룻이 줍도록 해 주라는 것입니다. 왜 조금일까요? 룻이 눈치채지 못하도록 그녀가 주울 수 있는 보리 낱알의 양을 늘려 주기 위함입니다. 그런데 여러분, 이 이야기를 언제 하고 있습니까? "룻이 이삭을 주우러 일어날 때"입니다. 룻이 식탁에서 일어나 밭으로 간 후입니다. 보아스는 룻이 갈 때까지 기다리고 있다가 룻이 간 후, 종들을 모아 룻의 바구니가 가득 찰 수 있도록 배려한 것입니다.

여러분, 보아스는 룻에 대해 배려하고 있습니다. 룻의 자존심을 지켜 주고 있습니다. 룻은 이삭을 주우러 나왔습니다. 룻의 자존심은 무너질 대로 무너져 있습니다. 룻도 한때는 사랑받는 딸이었고, 동네 총각들이 눈여겨보던 소녀였습니다. 그러던 룻이 청상과부가 되어 이방 땅까지 와서 이삭줍기를 하고 있습니다. 그녀가 표현은 하지 않았지만 그녀의 마음은 비참했을 것입니다. 이 비참함은 단지 밥 한 끼를 잘 먹었다고 해결될 수 있는 것도, 얼마간의 이삭을 주웠다고 해결될 수 있는 것도 아닙니다. 그녀는 스스로 자신의 인생에서 희망을 찾을 수 없는 상태였습니다. 그런데 만약 보아스가 룻이 불쌍하다고 자신이 가진 보릿자루 하나를 돌아가는 룻에게 얹어 주면 어떻게 됩니까? 룻은 정말 거지가 되는 것입니다. 보아스는 룻의 자존심, 하나님의 보호의 날개 아래 피하는 신앙적 결단과 헤세드 때문에 베들레헴에 온 룻의 자존심을 지켜 주고 싶은 것입니다. 이것이 보아스의 섬세한 배려입니다.

여러분, 누군가를 도와주는 것은 좋은 것입니다. 누군가에게 물질을 나누고, 관심을 갖는 것은 중요합니다. 그런데 때로는 이 나눔이 폭력이 될 수도 있습니다. 왜냐하면 사람은 떡으로만 살 수 있는 것이 아니기 때문입니다. 물론 사람은 떡 없이 살 수 없습니다. 그러나 때로 떡보다 더 중요한 것이 있습니다. 그것은 인간의 존엄성입니다.

당시 룻은 누가 봐도 이삭줍기하는 거지입니다. 보아스는 룻에게 자비를 베푼다며, 한껏 허세를 부리며 룻의 자루를 채워 줄 수 있는 능력이 있습니다. 그런데 그렇게 하지 않습니다. 룻의 자존심, 존엄성을 지켜 주고 싶기 때문입니다. 우리는 구체적이고 실제적으로 사랑해야 합니다. 그런데 그 사랑은 상대방의 인격을 존중하는 데서 시작합니다. 한 사람의 인격을 하나님의 형상으로 바라보지 않는다면, 사랑을 가장한 폭력, 구제를 가장한 갑질을 할 수 있습니다. 받는 사람을 고려하지 않은 사랑은 내 만족을 위해 상대방에게 폭력으로 가해질 수 있습니다. 성도들은 돕는 사람을 지혜롭게 살리고 회복시키는 섬세한 사랑을 해야 합니다.

보아스의 넘치는 헤세드

이제 보아스가 얼마나 풍성한 **헤세드**를 했는지 보도록 하겠습니다.

> 룻이 밭에서 저녁까지 줍고 그 주운 것을 떠니 보리가 한 에바쯤 되는지라 그것을 가지고 성읍에 들어가서 시어머니에게 그 주운 것을 보이고 그가 배불리 먹고 남긴 것을 내어 시어머니에게 드리매 시어머니가 그에게 이르되 오늘 어디서 주웠느냐 어디서 일을 하였느냐 너를 돌본 자에게 복이 있기를 원하노라 하니

> 룻이 누구에게서 일했는지를 시어머니에게 알게 하여 이르되 오늘 일하게 한 사람의 이름은 보아스니이다 하는지라 (2:17-19)

룻이 저녁까지 일하고 그 주운 것을 떨어 시어머니가 홀로 있는 집으로 돌아왔습니다. 그런데 그 가져온 양이 '한 에바'쯤 되었다고 기록되어 있습니다. 우리는 '한 에바'가 어느 정도인지 모르기에 별 감동이 없습니다. 이것은 하루 이삭줍기로는 절대 얻을 수 없는 엄청나게 많은 양이었습니다. 19절에 보면 이 보리의 양을 본 나오미가 묻습니다.

> 오늘 어디서 주웠느냐 어디서 일을 하였느냐

나오미가 뭔가 이상합니다. 왜냐하면 "어디서 주웠느냐"라고 물었다가 당장 질문을 바꿔 "어디서 일을 하였느냐"라고 물었기 때문입니다. 분명 아침에 이삭을 주우러 나갔기 때문에 처음에는 "주웠느냐"라고 물었습니다. 그런데 가져온 양을 보니 그냥 이삭줍기로 주워 올 수 있는 양이 아니었습니다. 그래서 나오미는 질문을 바꿔 "어디서 일을 했느냐"라고 묻는 것입니다. 룻이 운이 좋게도 이삭줍기를 하러 나갔다가 추수꾼이 부족한 밭의 주인을 만나, 일자리를 얻게 되었는지 묻는 것입니다. 그런데 이렇게 물은 나오미가 룻의 대답을 듣기도 전에 다시 말합니다. "너를 돌본 자에게 복이 있기를 원하노라"(2:19). 왜냐하면 룻이 단지 하루 일한 품삯을 가져온 것이라 생각하기에도 '한 에바'의 보리는 너무 많은 양이었기 때문입니다.

'한 에바'는 얼마나 되는 것일까요? '에바'는 히브리어로 '바구니'를 의미하는 부피를 재는 단위입니다. 우리나라에서 비슷하게 사용하는 단위 중에

'말'이라는 것이 있습니다. 이 '에바'를 우리에게 익숙한 리터 단위로 바꾸면 22리터 정도입니다. 여전히 감이 잘 오지 않으시는 분들을 위해 22리터의 보리 무게가 얼마인지 계산했더니 17킬로그램이 나옵니다. 시중에서 쉽게 구할 수 있는 쌀이나 보리를 사는 규격 봉투 중에 20킬로그램짜리 자루가 있습니다. 하루 동안 룻이 떨어진 이삭을 주워 가져온 양이, 이 모녀가 족히 한달 이상을 먹을 만한 분량이었던 것입니다. 하루 끼니를 때우기 위해 나간 이삭줍기였는데, 룻은 그날 한 달 이상 먹을 수 있는 양의 이삭을 가지고 돌아온 것입니다.

이것은 보아스가 가진 **헤세드**의 풍성함입니다. 룻은 이삭줍기를 처음 해본 사람입니다. 하루 동안 이삭을 주우면 얼마나 되는지 모릅니다. 그저 가난한 사람들이 그렇게 해서 끼니를 이을 수 있다고 하니까 나간 것입니다. 그래서 보릿자루 하나 들고 오면서도 어떤 상황이 벌어졌는지 몰랐습니다. 자기를 바라보는 시선이 뭔가 이상하기는 했지만 얻은 이삭 때문에 흥분해서 잘 보이지 않았습니다. 그런데 나오미가 보니까 이건 말도 안 되는 양이었습니다. 룻이 도무지 이삭줍기로는 모을 수 없는 양을 가져왔습니다. 어느 집에서 정식으로 일을 했어도 가져올 수 없는 양을 가져온 것입니다. 나오미는 룻이 누군가에게 넘치는 사랑을 받았다는 것을 알고 감격하며 축복했습니다.

사랑은 자신이 손실을 얼마나 보았는지 계산하지 않습니다. 사랑은 자기 안에 선을 그어 놓고, '여기까지만 하겠다'는 한계가 없습니다. 사랑은 선을 넘어가도 여전히 웃으며 봐줄 수 있어야 합니다. 보아스는 종들에게 곡식 다발을 흘리라고 명령했습니다. 룻은 아무 생각 없이 흘려진 많은 곡식다발을 주워 담았습니다. 그런데 종들이 흘려도 너무 많이 흘리는 것입니다. 도무지 룻이 감당할 수 없을 만큼 많은 낟알이 뿌려진 것입니다. 룻은 즐겁게 그 낟알을 주웠습니다. 그순간 보아스는 무엇을 하고 있었을까요? 자신의 마음을 너무 잘 알아준 종들에게 감탄하고, 열심히 이삭을 챙기는 룻을 사랑이 가득한 눈으로 바라보았을 것입니다. 사랑이 원래 그런 것입니다. 김남조 시인의 〈너를 위하여〉라는 시의 한 구절처럼, "이미 준 것은 잊어버리고 못다 준 사랑만을 기억하리라." 그것이 사랑입니다.

제가 섬겼던 청년 사역의 특징 중 하나는, 해마다 12월이 되면 공동체를 가장 열심히 섬겼던 선배들의 졸업식을 행하는 것이었습니다. 선배들의 졸업식은 항상 눈물바다였습니다. 졸업생들이 울면서 하는 소감은 대부분 비슷했습니다. "더 많이 사랑해 주지 못해서 미안합니다. 더 열심히 도와주지 못해서 미안합니다. 제가 너무 이기적이었고, 너무 나를 아꼈습니다. 사랑할 시간은 충분했는데 최선을 다하지는 못했습니다." 가장 열심히 가장 뜨겁게 사랑하고 헌신했던 선배들의 입에서 어김없이 나오는 고백이었습니다. "온전히 최선을 다해 아낌없이 사랑하지 못해서 미안해!" 그런데 여러분, 저도 청년 사역을 마무리하며 동일한 말밖에 할 수 없었습니다. "더 잘할 수 있었는데, 더 열심히 할 수 있었는데, 더 많이 만났어야 했는데, 더 많은 것을 나눠줄 수 있었는데." 우리 모두도 그럴 것 같습니다. 왜냐하면 사랑은 항상 '더 많이 주지 못해 미안한 것'이기 때문입니다.

여러분, 혹시 스스로 만들어 놓은 사랑의 한계, 나눔의 한계, 섬김의 한계가 있으십니까? 여기까지는, 이만큼은 "안 돼!"라고 말하는 한계선 말입니다. 한 바구니 가득히 보리를 담아 가는 룻을 바라보는 보아스의 마음이 어떠했을까요? 너무 많이 챙겨가는 것을 보면서 마음이 어려웠을까요? 아닙니다. 바구니에 가득한 보리로 오늘 저녁 충만해질 두 과부를 생각하며 미소 지었을 것입니다. 우리 역시 우리가 그어 놓은 수많은 한계선을 넘어 더 많이 더 깊이 사랑할 수 있는, 더 온전히 섬길 수 있는 하나님 백성이 되기를 축원합니다.

누가 우리를 가득하게 하는가

이제 우리는 '보아스가 룻과 나오미의 배고픔을 채우는 이야기'를 마치려 합니다. 19절입니다.

> 시어머니가 그에게 이르되 오늘 어디서 주웠느냐 어디서 일을 하였느냐 너를 돌본 자에게 복이 있기를 원하노라 하니 룻이 누구에게서 일했는지를 시어머니에게 알게 하여 이르되 오늘 일하게 한 사람의 이름은 보아스니이다 하는지라

나오미가 계속해서 룻에게 묻습니다. 처음에는 "어디서 주웠느냐"라고 물었고, 두 번째는 "어디서 일했느냐"를 물었습니다. 그러더니 갑자기 룻을 돌본 자에게 복을 비는 기도를 합니다. 나오미는 잠깐 물어보다가 깨달은 것입니다. 이 풍성한 곡식은 룻이 이삭을 주운 것도, 일을 한 것도 아니라 누군가가 룻을 돌보아 준 결과라는 것을 말입니다.

시어머니의 긍정적인 축복과 질문 앞에서 룻은 입을 열어 대답합니다. "오늘 일하게 한 사람의 이름은 보아스입니다." 여러분, 이 대답이 이번 장의 결론입니다. 나오미와 룻의 텅 빈 것을 채워 준 자의 이름이 **보아스**라는 것입니다. 결국 모든 문제는 이 **보아스**를 만남으로 해결되었다고 말하는 것입니다. **보아스**가 나를 돌봐 주었고, 우리를 가득 채워 주었다는 것입니다. 우리는 마지막으로 〈룻기〉 안에서 가장 중요한 배역을 담당한 **보아스**를 그 이름

을 통해 다시 정리해 보겠습니다. 놀라운 **헤세드**로 룻과 나오미의 인생을 채우고 있는 **보아스**라는 이름은 과연 무엇을 의미하는 것일까요?

성경 전체에서 **보아스**라는 단어는 모두 스물여덟 번 나옵니다. 그런데 이 많은 횟수 중에 단 두 번, 열왕기상 7장과 역대하 3장을 제외하면 나머지 전부는 룻기 안에 있는 **보아스**를 말합니다. 다시 말해, 성경에 기록된 인물 중 **보아스**라는 이름을 가진 이는 단 한 명뿐입니다. **보아스**라는 단어의 의미는 "그에게 능력이 있다"입니다. 이렇게 좋은 뜻을 가진 이름인데, 왜 이스라엘 백성들 가운데 **보아스**라는 이름이 이리도 희귀한 걸까요? 왜 그들은 그들 자녀의 이름을 **보아스**라고 짓지 않았던 걸까요? 자신의 자녀에게 절대로 그 이름을 붙이지 않는 경우는 두 가지 경우입니다. 그 이름을 가진 자가 너무 악하거나 비참해서 이름 자체가 불길한 이름이 되어 버린 경우와 그 반대의 경우로 그 이름이 신적인 이름이어서 그 이름을 사용하면 신성모독에 해당될 때입니다. 그러한 대표적인 이름이 **예수**라는 이름입니다. "여호와는 구원이시다, 여호와의 구원"이라는 뜻을 가진 이 이름은 주후 1세기까지 많은 유대 아기들에게 붙여졌던 이름이었습니다. 그런데 역사 속에서 주후 2세기가 되면서 자녀의 이름을 그렇게 짓는 사람이 사라져 버렸습니다. 유대인들에게 이 이름은 수치스러운 이단 종교 교주의 이름이었고, 그리스도인들에게 이 이름은 하나님 아들의 존귀한 이름이었기 때문입니다. 저는 어쩌면 성경 전체에서 **보아스**라는 이름이 딱 한 명밖에 등장하지 않는 이유를 이러한 현상에서 찾을 수 있지 않을까 하는 생각을 했습니다.

그렇다면, 나오미와 룻을 돌봐 준 **보아스**라는 인물을 지칭하지 않는 두 번의 경우는 어떤 경우입니까? 역시 사람을 지칭하는 것이 아니라 물건, 그것도 성전을 완공한 다음, 성전의 문 앞에 세운 두 기둥 중 한 기둥을 부르는 이름이었습니다. 열왕기상 7장과 역대하 3장에 **보아스**라는 호칭이 있는데, 동일한 내용이기 때문에 역대하 3장만 보겠습니다.

> 그 두 기둥을 성전 앞에 세웠으니 왼쪽에 하나요 오른쪽에 하나라 오른쪽 것은 야긴이라 부르고 왼쪽 것은 보아스라 불렀더라 (대하 3:17)

솔로몬이 엄청난 국력을 동원해 성전을 7년 만에 완공하고 그것을 기념하며 놋으로 된 두 기둥을 세웁니다. 그리고 하나는 **야긴**이라는 이름을, 다른 하나는 **보아스**라는 이름을 붙입니다. **야긴**은 '그가 세우신다'라는 뜻이고, **보아스**는 앞에서 본 것처럼 '그에게 능력이 있다'라는 뜻입니다. 그런데 이 성전 앞에 있는 기둥은 하나님께서 지으라고 하신 성전의 일부가 아니었습니다. 성전을 다 짓고 난 후에 했던 솔로몬의 고백과 기도의 성격이 담겨 있는 것이었습니다. 기도문으로 두 기둥의 이름을 사용한다면, "하나님께서 이 성전을 세우셨습니다(야긴). 이제 하나님께서 당신의 능력으로 이 성전을 지켜 주십시오(보아스)"라는 내용이 됩니다.

지혜의 왕, 솔로몬은 자신의 증조 할아버지의 이름이 **보아스**라는 것을 몰랐을까요? 대부분의 족보에 다 들어 있는 그 이름을 몰랐을까요? 솔로몬은 **보아스**가 누구인지 정확하게 알고 있었습니다. 그런데 솔로몬은 **보아스**를 그냥 베들레헴에 살았던 유력한 증조 할아버지로 생각하고 있지 않았습니다. 그분을 거룩한 성전을 지켜 주시는 분으로 생각했던 것입니다. 솔로몬은 **보아스**를 한 사람으로 생각한 것이 아니라 성전을 지킬 능력을 가지신 그분으로 생각했던 것입니다.

여러분, 조금만 생각을 넓혀서 구약에 있었던 이 성전을 신약 시대로 가져오면 무엇이 될까요? 성전의 자리에 교회를 두시면 됩니다. 그렇다면 우리는 다시 물어볼 수 있습니다. "교회 앞에서 교회를 능력으로 지키시는 분은 누구냐"라는 질문이 됩니다. "음부의 권세로부터 교회를 지키겠다고 약속하신 분이 누구냐"라는 것입니다. 예수 그리스도이십니다. 그래서 저는 이 **보아스**가 교회를 지키시는 예수 그리스도의 다른 이름, 구약의 이름이라고 생각합니다. 다음 장에서 우리는 **보아스**가 어떤 분인지 차근차근 살펴 볼 것입니다. 이번 장은 이 이름만 기억하고 넘어가겠습니다.

나오미와 룻의 텅 빈 것을 채우신 분은, **보아스**라는 이름의 예수 그리스도셨습니다. 예수께서 친절함으로 텅 빈 룻의 구체적이고 실제적인 필요를 채우신 것입니다. 예수께서 텅 빈 룻의 자존심을 고려하는 섬세한 사랑으로 그녀를 지켜 주신 것입니다. 예수께서 텅 빈 룻과 나오미를 한계 없는 사랑으로 넘치게 하신 것입니다. 그런데 여러분, 예수 그리스도는 그 옛날 베들레헴에만 계신 분이 아니십니다. 그분이 바로 우리 가운데 계십니다.

먹어야 할 빵이 없는 텅 빈 교회와 수고하고 애썼으나 대부분 비어 있는 우리 심령의 공허함을 채우실 분으로 우리 주 예수 그리스도가 계십니다. 그분은 생명의 떡이며, 생수이십니다. 이 예수께서 우리 가운데 오심으로 우리의 텅 빈 것들과 이 시대 한없이 초라해져 버린 교회를 당신의 넘치는 것들로 채워 주실 것입니다. 그러니 여러분, 이 이름을 부르십시오. 주께서 우리의 부르짖음을 듣고 달려 오실 것입니다. 그리고 그 자리에서 우리를 채워 주실 것입니다. 우리 주님을 소망하고 기대합시다. 그리고 다시 한 번 힘을 내서 이런 주님께 나아갑시다. 우리 목청을 울려 주 예수의 이름을 외쳐 봅시다. 소망 없는 땅에 산 소망이 되시는 우리 주님께서 우리 가운데 오셔서 오늘 깨우시고 또 채우시기를, 그분이 우리를 구원하시기를 축원합니다.

룻기 2장 19절-3장 5절

시어머니가 그에게 이르되 오늘 어디서 주웠느냐 어디서 일을 하였느냐 너를 돌본 자에게 복이 있기를 원하노라 하니 룻이 누구에게서 일했는지를 시어머니에게 알게 하여 이르되 오늘 일하게 한 사람의 이름은 보아스니이다 하는지라 나오미가 자기 며느리에게 이르되 그가 여호와로부터 복 받기를 원하노라 그가 살아 있는 자와 죽은 자에게 은혜 베풀기를 그치지 아니하도다 하고 나오미가 또 그에게 이르되 그 사람은 우리와 가까우니 우리 기업을 무를 자 중의 하나이니라 하니라 모압 여인 룻이 이르되 그가 내게 또 이르기를 내 추수를 다 마치기까지 너는 내 소년들에게 가까이 있으라 하더이다 하니 나오미가 며느리 룻에게 이르되 내 딸아 너는 그의 소녀들과 함께 나가고 다른 밭에서 사람을 만나지 아니하는 것이 좋으니라 하는지라 이에 룻이 보아스의 소녀들에게 가까이 있어서 보리 추수와 밀 추수를 마치기까지 이삭을 주우며 그의 시어머니와 함께 거주하니라 룻의 시어머니 나오미가 그에게 이르되 내 딸아 내가 너를 위하여 안식할 곳을 구하여 너를 복되게 하여야 하지 않겠느냐 네가 함께하던 하녀들을 둔 보아스는 우리의 친족이 아니냐 보라 그가 오늘 밤에 타작 마당에서 보리를 까불리라 그런즉 너는 목욕하고 기름을 바르고 의복을 입고 타작 마당에 내려가서 그 사람이 먹고 마시기를 다 하기까지는 그에게 보이지 말고 그가 누울 때에 너는 그가 눕는 곳을 알았다가 들어가서 그의 발치 이불을 들고 거기 누우라 그가 네 할 일을 네게 알게 하리라 하니 룻이 시어머니에게 이르되 어머니의 말씀대로 내가 다 행하리이다 하니라

6
눈이 밝아지다

하나님이 바꾸지 못할 사람은 없다

저는 교회에 등록하기를 원하시는 어느 성도와 긴 상담을 한 적 있습니다. 두 시간 동안 그 성도가 가지고 있는 여러 가지 신앙 고민을 들을 수 있었습니다. 저는 설교할 때는 많은 말을 하지만, 상담할 때는 별로 말이 없습니다. 상담자 대부분이 자신의 문제에 대한 답을 가지고 오는 경우가 많기 때문입니다. 제가 하는 일은 성도들의 말을 잘 경청하며, 스스로 답을 찾도록 돕는 경우가 대부분입니다. 제가 뭔가를 가르치려 하거나 주장하는 경우는 거의 없습니다.

그런데 상담하러 온 성도의 이야기를 한참 듣다가 어느 한 곳에서 도무지 수긍할 수 없는 부분을 발견했습니다. 그래서 제가 적극적으로 말을 끊고 "그건 아닙니다!"라고 단호하게 선을 그었습니다. 왜냐하면 그분이 "사람은 신앙을 가져도 절대 바뀌지는 않는 것 같아요"라고 말하셨기 때문입니다. 모태 신앙인 그분이 오랫동안 주변 신앙인들을 열심히 살펴보았는데, 그 결과 신자들이 점점 더 종교적인 행위에 익숙해져 가기는 하지만, 신자 중심에 있는 생각과 행동 대부분은 전혀 바뀌지 않더라는 것입니다. 그래서 자신은 예수를 믿는다고 해서 사람이 바뀔 거라는 기대를 내려 놓았다는 겁니다.

여러분, 이 말이 과연 맞을까요? 여러분은 예수 믿고 변화를 경험하셨습니까? 여러분이 보시기에 주변 성도들의 모습은 어떻습니까? 저는 그분에게 단호하게 "아닙니다"라고 말했습니다. 심지어 "그건 틀렸습니다"라고 단언했습니다. 왜냐하면 제가 믿고 경험하기로 하나님은 계속해서 수많은 사람을 변화시켜 오셨기 때문입니다. 사람을 변화시키지 못하시는 하나님은 제가 아는 하나님이 아니십니다. 저는 그분께 "하나님은 사람을 반드시 변화시키십니다"라고 말씀드렸습니다. 그리고 저는 이제껏 "하나님께서 저를 변화시키셨습니다"라고 고백하는 수많은 청년을 만났습니다.

저는 마음이 아팠습니다. 만일 이 상담 내용이 이 땅의 많은 성도들의 현실이라면 이것만큼 비참한 것이 없기 때문입니다. 나 하나 바꾸지 못할 하나님이라면, 그런 하나님을 믿을 이유가 무엇입니까? 이제 다시 성도들에게 묻고 싶습니다. 하나님은 과연 사람을 변화시키실 수 있으실까요? 십 대도 이십 대도 아닌, 사오십 대를, 육칠십 대를, 하나님은 과연 변화시키실 수 있을까요?

나오미의 눈이 밝아지다

본문은 룻이 나오미에게 이삭줍기로 얻은 보리 한 에바를 보인 후에 나타난 나오미의 반응에서 시작합니다. 나오미는 룻이 가져온 한 에바의 보리로 인해 감격했습니다. 당시 이삭줍기를 해서 하루에 얻을 수 있는 가장 많은 양이 1킬로그램 정도였는데 그것의 17배에 해당하는 양을 가져왔기 때문입니다. 상식으로는 일어날 수 없는 일이었기에 무언가 특별한 일이 있었느냐고 물었습니다. 결국 룻은 자신이 일한 밭이 **보아스**의 밭이었다고 밝힙니다. 그때 나오미의 입에서 감탄과 축복이 터져나왔습니다.

> 나오미가 자기 며느리에게 이르되 그가 여호와로부터 복 받기를 원하노라 그가 살아 있는 자와 죽은 자에게 은혜 베풀기를 그치지 아니하도다 하고 나오미가 또 그에게 이르되 그 사람은 우리와 가까우니 우리 기업을 무를 자 중의 하나이니라 하니라(2:20)

나오미는 지금 엄청난 축복과 고백을 하고 있습니다. 그녀가 며느리에게 **보아스**라는 말을 듣고서 **보아스**에게 하는 축복을 보면 마치 선지자와 같은 모습을 보여 줍니다. 하나님의 영이 나오미에게 임하셔서 나오미가 특별한 계시를 전하는 것 같은 모습입니다. 왜냐하면 이것은 단순하게 유추해서 할 수 있는 축복이 아니기 때문입니다. 이것은 구약 성경 전체가 말하는 가장 위대한 비밀에 속하는 오실 메시아에 대한 예언이기 때문입니다. 나오미는 지금 보아스를 향해 "살아 있는 자와 죽은 자에게 은혜 베풀기를 그치지 아니하는 자", "우리 기업을 무를 자 중 하나"라는 표현을 거침 없이 쓰고 있습니다. 그런데 이 표현들이 다 오실 메시아인 예수 그리스도에 대한 구약적 표현들입니다. 나오미는 자기도 모르는 사이 하나님의 영에 붙들려 예언을 하고 있었던 것입니다.

우리는 나오미가 베들레헴에 왔을 때의 상태를 기억해야 합니다. 그녀는 스스로 자신을 **마라**라고 했습니다. 하나님께서 나를 치셨다고 말했고, 자기에게는 아무런 소망이 없다고 말했습니다. 우리는 그녀가 자신이 누구인지 하나님의 거울 앞에서 비춰 보게 되었으며, 이 고백이 그녀로 하여금 하나님의 은혜로 나아가게 하는 통로가 되었다고 정리했습니다. 그런데 나오미는 그러한 자신의 죄인 됨에 대한 고백, 하나님의 주권에 대한 고백을 한 이후에 하나님의 은혜로 살아나기보다는 더 심각한 좌절에 빠졌습니다. 그녀가 처한 현실 상황이 자신의 영적인 상태와 맞물려 깊은 우울로 이끌었습니다. 자신의 죄인 됨과 무능함을 여실하게 깨닫는 것이 중요하지만 거기서 멈추고 거기에 머물러 버린 것입니다. 결과적으로 그녀는 깊은 침체에 빠져 버렸습니다.

2장을 시작할 때, 룻은 나오미에게 이삭을 주우러 가겠다고 말했습니다. 그런데 그 이삭줍기는 많은 힘이나 기술을 필요로 하는 일이 아닙니다. 이 일이 고된 일이고 얻을 수 있는 것이 적기는 하지만, 사실 누구나 할 수 있는 쉬운 일입니다. 또 룻기 전체를 보면, 젊은 이방 여인 룻이 밭의 일꾼들에게 여러 어려운 일을 당할 수도 있다는 우려가 여기저기 언급되고 있습니다. 이런 상황이라면 나오미는 룻과 함께 밭에 나와 있어야 합니다. 이삭을 줍다가 힘들면 옆에 앉아 쉬더라도, 룻을 지켜 줄 수 있는 자리에서 함께했어야 합니다. 그런데 나오미는 룻을 보내고, 종일 혼자 집에 머물러 있었습니다.

나오미의 나이가 너무 많았기 때문도 몸에 병이 있어서도 아닙니다. 무너진 마음 때문이었습니다. 집 밖에 나와 베들레헴 사람들과 만나는 것이 힘들었던 것입니다. 사람들이 자신을 보며 수군거리는 것 같았습니다. 다른 사람의 밭에 들어가 이삭을 줍고 있는 자신의 초라한 모습을 보이고 싶지 않았습니다. 당장 굶어도 그건 싫었기에 룻과 함께 가지 않았습니다. 나오미의 병은 몸에 생긴 것이 아니라 마음에 생긴 병이었습니다. 그런데 지금 마음에 중한 병을 가지고 하루 종일 집 안에 앉아 며느리가 언제 돌아오나 하고 기다리고 있는 나오미가 엄청난 계시를 쏟아 놓았습니다. 도대체 어떻게 된 일일까요?

나오미가 본 것, "하나님의 선하신 손"

나오미의 고백을 살펴보겠습니다. 먼저 **보아스**를 향해 "살아 있는 자와 죽은 자에게 은혜를 베푸는 자"라고 불렀습니다. 그런데 이 표현은 통상적으로 사람에게 쓰는 표현이 아닙니다. 사람은 오직 산 자에게는 은혜를 베풀 수 있지, 죽은 자에게 은혜를 베풀 수 있는 사람은 없습니다. 그런데 나오미는 **보아스**를 향해, "살아 있는 자와 죽은 자에게 은혜를 베푸는 분이다"라고 외친 것입니다. 그녀는 **보아스**를 통해, 또 다른 누군가를 본 것입니다. 나오미의 눈에 비친 **보아스**는 오실 하나님의 아들이었습니다. 또 나오미는 **보아스**를 '기업 무를 자'라고 합니다. 히브리어로 **고엘**이라는 단어로, 이것을 우리말로 번역하면 '구속자'입니다. 구속의 뜻은, '대신 값을 주고 원상으로 회복시키다'입니다.

우리는 이 구속이 정확히 언제, 어디서, 어떻게 일어났는지 알고 있습니다. 구속은 2,000년 전 골고다 십자가 위에서 예수 그리스도를 통해 완성되었습니다. 예수께서 이 땅에 오셔서 하신 가장 중요한 역할이 바로 이 **고엘**의 역할이었습니다. 예수께서는 우리 모두의 **고엘**로 이 땅에 오시는 분인데, 나오미는 보아스의 행동에서 구속자로 오실 주님을 읽어 낸 것입니다. 지금 나오미는 새벽과는 전혀 다른 눈으로 세상을 보고 있고, 아침과는 전혀 다른 태도로 말하고 있습니다. 무언가가 그녀를 완전히 뒤집어 놓은 것입니다.

사람이 어떻게 바뀌는 것일까요? 한번 틀이 잡힌 성인은 생각하고 사는 방식을 바꾸기 정말 어렵습니다. 그런데 그래도 바뀌는 사람들이 있습니다. 세상을 바라보는 세계관이 바뀌면 그 사람의 삶의 방식도 바뀌더라고요. 더 쉽게 말하면 눈이 바뀌면 삶도 바뀝니다. 우리는 살면서 어떤 것을 배우거나 또는 경험하면서, 또 어떤 충격을 통해 생각이 바뀌는 것을 경험할 때가 있습니다. 세상을 바라보는 관점이 바뀐 것입니다.

찰스 디킨스의 《크리스마스 캐롤》이라는 작품 속에 있는 스크루지라는 구두쇠를 기억하십니까? 그는 성탄절 전날 밤에 꾸는 꿈으로 큰 충격을 받습니다. 과거와 현재와 미래를 보여 주는 귀신들에 의해 자신의 전생(全生)을 체험한 후 잠에서 깬 스크루지는 더 이상 이전의 삶을 살 수 없게 됩니다. 삶 전체가 하루 만에 바뀐 것입니다. 왜입니까? 꿈속에서 만난 자신의 미래가 너무나 큰 충격이었기 때문입니다. 그리고 충격을 통해 그의 세상과 인생 그리고 돈을 바라보는 눈이 달라져 버렸습니다.

그런데 여러분, 한 편의 소설이나 꿈에 대한 이야기가 아니라 우리 하나님은 끊임없이 우리의 생각과 부딪치십니다. 하나님의 말씀은 가만히 쉬는 법이 없습니다. 만약 여러분이 듣고 있는 설교가 바른 설교라면 그 설교를 통해 끊임없이 하나님의 마음과 생각이 우리의 마음과 생각에 들어올 것입니다. 그리고 말씀이 우리의 생각과 부딪칠 것입니다. 하나님의 말씀을 절대 무시해서는 안 됩니다. 그 말씀은 너무나 강력한 씨앗이어서 아무리 딱딱한 땅에서도 뿌리를 내리고 줄기를 내고 결국에는 열매를 맺게 하는 씨이기 때문입니다. 이렇든 하나님의 말씀이 우리 속에서 역사하고 있기 때문에 결국 말씀 앞에 있는 성도는 변화가 일어납니다. 그리고 이전과 다르게 보이는 세상에서 이전과 다른 방식으로 살기 시작하는 것입니다.

2015년 1월 1일로 담뱃값에 2,000원의 세금이 붙었습니다. 담뱃값이 기존에 비해 거의 두 배가 된 것입니다. 이것은 담배를 피우시던 분에게 큰 부담입니다. 국가는 이런 방식으로 담뱃값을 올려 국민 건강을 해치는 흡연 인구를 줄이겠다고 공언했습니다. 그런데 그 당시 많은 경제학자와 심리학자들은 정부가 말하는 흡연 인구가 줄어드는 일은 거의 없을 것이라고 예측했습니다. 담배는 가격 때문에 끊을 수 있는 성질의 것이 아니라는 것입니다. 일종의 중독이기에 사람들은 어떻게 해서건 그 돈을 만들어 낼 것이라고 했습니다.

 저는 군대에서 휴전선 안쪽에 있는 초소(GP)에 근무할 때가 있었습니다. 그런데 하루는 초소와 휴전선을 이어 주는 도로가 폭우로 인해 끊어지는 사고가 발생해서 한 주 정도 고립된 적이 있습니다. 전방 초소라서 이런 일에 대비해서 저장된 생필품이 있었기에 다른 것은 크게 문제가 되지 않았는데, 가장 문제가 되었던 것이 담배 공급이었습니다. 길이 끊어졌던 그 주간은 담배가 보급으로 나오는 주간이라 병사들이 가지고 있던 담배를 다 피워 버린 상황에서 담배 없는 일주일이 시작되었습니다. 이삼 일이 지나자 흡연자들에게 금단 현상이 일어나기 시작했습니다. 불안과 초조함을 호소하는 이들도 있고 어떻게 담배를 구할 수 없냐고 계속 묻는 이도 나왔습니다. 그중에 제가 봤던 한 장면은 당시 재래식 화장실 모퉁이에 있던 재떨이 안에 피우다 버린 담뱃재를 모아 햇빛에 말려, 얇은 성경책 종이에 그 재를 말아서, 그걸 담배라고 함께 나눠 피우던 모습입니다. 성경책으로 말아 피우는 담배를 빨며 행복해 하는 흡연자들을 보면서 저는 "담배는 기호가 아니다, 담배는 중독이다"라고 확신하게 되었습니다.

 성도 여러분, 그렇다면 이렇게 무서운 중독인 담배를 어떻게 하면 끊을 수 있는 걸까요? 담배만을 말하는 것이 아닙니다. 이미 우리 삶 가운데 깊이 들어와 나의 일부가 된 악한 습관들과 태도들을 어떻게 하면 바꿀 수 있겠습니까? 과연 우리는 바뀔 수 있는 걸까요? 방법이 있습니다. 우리의 감각, 우리의 눈이 바뀌면 가능합니다. 하나님께서 우리의 삶에 간섭하기 시작하시면, 그분은 나를 변화시키기 시작합니다. 그분은 내 속에 들어오셔서, 이미 내 속에서 내가 되어 버린 그분 보시기에 기쁘지 않은 것들을 밖으로 밀어내기 시작하십니다.

하나님은 그런 일이 가능하게 하시나요? 가능하게 하십니다. 저는 그렇게 많은 사람들이 변화되는 것을 봤습니다. 하나님께서 어느 날, 어떤 사람에게 찾아오십니다. 그리고 그 인생의 눈을 바꾸십니다. 이전에는 보이지 않았던 것이 보이고, 이전에는 생각할 수 없었던 것들을 생각하게 됩니다. 이전에 그토록 좋아했던 담배가 더 이상 끌리지 않습니다. 심지어 냄새만 맡아도 어지럽습니다. 이전에 아무런 가책 없이 행했던 것들인데, 이제는 도무지 할 수 없는 것들이 되었습니다. 왜입니까? 우리의 눈이 변화되어 이전과 보이는 것이 다르기 때문입니다.

하나님의 선지자 엘리사가 도단이라는 작은 성에 있는데, 엘리사를 원수로 여겼던 아람 왕이 군대를 보내 도단을 포위했습니다. 그 광경을 본 엘리사의 종이 엘리사에게 뛰어와서 "내 주여 우리가 어찌하리이까"(왕하 6:15)라고 하소연합니다. 그때 엘리사는 태연하게 "두려워하지 말라 우리와 함께한 자가 그들과 함께한 자보다 많으니라"(왕하 6:16)라고 대답했습니다. 너무나 황당한 대답입니다. 분명 아람 왕의 군대가 도단을 포위하고 있습니다. 아람 군대는 다수이고, 도단의 주민들은 소수입니다. 그런데 어떻게 아람 군대를 두려워하지 않을 수 있겠습니까. 그런데 엘리사는 우리 편에 더 많은 군대가 있다고 말하고 있습니다. 도무지 상황을 이해할 수 없었던 종을 위해 엘리사가 기도합니다.

> 기도하여 이르되 여호와여 원하건대 그의 눈을 열어서 보게 하옵소서 하니 여호와께서 그 청년의 눈을 여시매 그가 보니 불말과 불병거가 산에 가득하여 엘리사를 둘렀더라(왕하 6:17)

하나님의 사람 엘리사의 눈에는 종은 볼 수 없었던 것이 보였습니다. 자신들을 둘러싼 아람 왕 군대와 자신들 사이에서 자신들을 지키기 위해 진 치고 있는 하나님의 군대를 본 것입니다. 종의 눈이 밝아져 그도 하나님의 큰 군대를 보았습니다. 물론 그가 두려움에서 벗어나는 것은 당연한 수순이었습니다.

나오미는 한 에바의 보리 앞에서, 그리고 이 보리를 챙겨 준 **보아스**라는 이름 앞에서 그녀의 눈이 밝아졌습니다. 베들레헴에 왔으나 밖으로 나갈 수 없는 마음, 이 땅에 살 소망이 없어 죽는 것 말고 어떤 것도 기대하지 않는 낙심한 마음, 룻이 일하러 나갈 때 함께 있어 주어야 한다는 것을 알고도 함께 따라 나서지 않았던 극도의 자기 연민에 빠져 있던 마음과 생각에 변화가 일어난 것입니다. 무언가를 보았기 때문입니다. 무엇입니까? 베들레헴 땅에 풍년을 주셔서 자신으로 하여금 베들레헴으로 돌아올 마음을 주셨던 그 여호와, **보아스**라는 이름을 가진 하나님께서 자신의 삶의 필요한 것을 채우려 하신다는 것을 본 것입니다. 하나님께서 엘리사의 종의 눈을 열어 그들을 둘러싸 보호하는 불병거와 자신의 군대를 한순간에 보게 해 주셨던 것처럼, 나오미의 눈이 한순간에 밝아져서 하나님을 본 것입니다. 텅 빈 나오미의 인생을 채우시기로 작정하신 하나님으로 인해 나오미의 눈에 무언가가 보이기 시작한 것입니다.

성도 여러분, 저는 엘리사가 자신의 종을 위해 했던 기도와 동일한 기도를 하고 있습니다. 우리의 눈이 밝아지기를 말입니다. 우리의 눈이 밝아져서 우리를 둘러싸고 있는 강력한 세상뿐 아니라 그 세상과 우리 사이에서 우리를 지키시는 하나님의 군대를 보게 되기를 말입니다. 우리를 견고한 불성벽으로 지키시는 우리 하나님을 보기 원한다고 말입니다. 우리를 지키시는 하나님의 불병거와 군대가 보이기 원합니다. 보이는 하나님의 군대에 의지하여, 이 세상을 두려워하지 않는 우리가 되기를 축원합니다.

교정된 나오미의 시선, "타인을 품다"

나오미는 깊은 침체와 두려움에서 벗어날 수 있었습니다. 눈이 바뀌니까 당당해졌습니다. 룻이 나가서 이삭을 줍겠다 할 때 자기 연민에 빠져 있던 초라한 나오미는 룻을 도와준 **보아스**의 이름을 듣고는 단번에 바뀌었습니다. 나오미는 지금 다른 사람을 축복하고, 룻에게 이런저런 것들을 지도하고 있습니다. 나오미에게 영적 권위가 생긴 것입니다. 나오미는 거기서 머물지 않고 한 걸음 더 나아갑니다. 바로 며느리 룻의 인생에서 남편 없는 근본적인 문제를 해결하기로 한 것입니다. 나오미는 눈이 바뀌었습니다. 어찌 보면 작은 변화였습니다. 그런데 그 작은 변화가 그녀를 지금 타인을 위해 행동하게 만든 것입니다. 주님을 만나 바뀐 눈을 가진 사람은 절대 현재 있는 자리에 그대로 머물러 있을 수 없기 때문입니다.

3장 1절은 나오미의 시선이 완전히 바뀌었다는 것을 보여 줍니다.

> 룻의 시어머니 나오미가 그에게 이르되 내 딸아 내가 너를 위하여 안식할 곳을
> 구하여 너를 복되게 하여야 하지 않겠느냐

베들레헴으로 돌아와 집 밖에 나가려 하지 않았던 나오미의 입에서 나온 말입니다. "내가 너를 위하여 안식할 곳을 구하여 너를 복되게 하여야 하지 않겠느냐?" 나오미가 자기를 위해서가 아니라, 룻을 위한 일을 계획하고 있습니다. 눈이 바뀌어 자신의 며느리, 룻을 본 것입니다. 그리고 룻을 도와줄 방법을 생각한 것입니다. 숨어 있던 자리에서 나와 그 일을 구체적으로 추진하고 있습니다.

나오미는 지금 아무것도 가진 것이 없습니다. 심지어 노동력도 없습니다. 하루하루 룻이 주워온 이삭을 먹으며 살고 있습니다. 이런 상황에서 룻이 나오미를 떠나면 어떻게 될까요? 망하는 것입니다. 그런데 시어머니의 입에서는 지금 며느리를 위한 사랑과 걱정을 담은 진실한 권면이 나오고 있습니다. "내 딸아 내가 너를 위하여 안식할 곳을 구하여 너를 복되게 하여야 하지 않겠느냐?" 그런데 이 말은 나오미가 룻에게 처음 하는 말이 아닙니다. 1장에서 나오미가 룻과 오르바를 그녀들의 친정 집으로 돌려보내려 할 때 했던 말과 같습니다.

> 여호와께서 너희에게 허락하사 각기 남편의 집에서 위로를 받게 하시기를 원하
> 노라(1:9)

나오미가 베들레헴으로 돌아오면서 두 며느리들에게 했던 축복의 말입니다. 며느리들로 하여금 새 인생을 시작할 수 있도록 놓아 주면서 했던 말입

니다. 그런데 베들레헴에 돌아온 이후에 나오미는 이 기도와 축복을 기억하지 못했습니다. 그런데 보아스를 만나 눈을 뜨고 보니 자신의 기도가 자기 눈 앞에 있다는 걸 알았습니다.

"딸아, 내가 생각을 못했구나. 이제까지 내 눈이 가리워져 있었구나. 주님이 은혜를 주셔서 내 눈꺼풀을 벗기시니, 사랑하는 우리 딸의 안타까운 모습이 보이는구나. 분명 나는 그때 너를 축복하며 하나님께 기도했단다. 네가 남편의 집에서 평안함을 얻게 되기를 원한다고 말이다. 그런데 얼마간 정신이 없었구나. 구차한 내 자존심 챙기느라 너를 위험한 곳에 내어 몰았구나. 이제 정신이 돌아왔다. 그리고 나는 너를 위해 너의 안식(평안)할 곳을 구해 주기로 했다. 나에게 **헤세드**로 함께한 네가 행복하기를 나는 소원한단다. 그러니 사랑하는 내 딸아, 내가 너의 안식을 위해 계획한 이 이야기를 들어보렴."

참된 은혜를 누린 나오미, 오실 그리스도의 사랑을 받아 눈이 열린 나오미에게 이전에 하나님께 올렸던 기도가 생각났습니다. 그리고 그 나오미의 눈에 생각해 본 적도 없던 며느리 룻의 슬픈 미래가 보였던 것입니다. 나오미는 가만 있을 수 없었습니다. 그래서 입을 열어 룻을 위한 계획을 말하기 시작한 것입니다. 하나님으로부터 참 은혜를 경험한 성도는 자신만을 위해 살아갈 수 없습니다. 십자가에 달려 죽으신 예수 그리스도를 믿으면서, 동시에 주님을 알기 전에 가졌던 생각과 취미와 행동을 그대로 유지하며 살아간다는 것은 절대 불가능한 일이라는 말입니다.

혹시, 그런 분이 있다고 합시다. 그렇다면 그분은 정말 특이한 분이며, 확률적으로 거의 0퍼센트에 가까운 성도입니다. 자신 안에 성령이 내주하심에도 불구하고 삶 가운데 아무런 그리스도의 향기가 나지 않는 그런 성도, 저는 그런 성도를 그리스도인이라고 부르기보다 불신자라고 부르는 것이 훨씬 맞다고 생각합니다. 오늘날 조국 교회가 이토록 비참해진 이유가 바로 이것입니다. 당연한 일, "예수 믿고 사람이 변하는 일"이 너무나 희귀한 일 취급을 받기 때문입니다. 아무런 변화된 모습을 보이지 않는데도 그 사람을 성도라고 불러 주는 이상한 일이 벌어지고 있습니다. 심지어 성도들조차 성도의 변화를 기대하지 않습니다. 누구 한 사람 변화되면 놀라운 일이 일어났다고 호들갑을 떨며 변화된 사람을 앞에 세워 간증을 시키는 이상한 풍토도 생겼습니다. 비정상적인 모습이 정상이 된 이 상태를 뒤집지 않는다면 어쩌면 우리에게 소망이 없는 건 아닐까요? 예수 믿고 사람이 변하는 것은 당연합니다. 변하지 않는 것이 이상하고, 특별하고, 신비하고, 기적입니다. 왜냐하면 우리는 변화를 만드시는 주님을 믿는 사람들이기 때문입니다.

주님을 만난 나오미는 눈이 달라졌을 뿐 아니라 생각과 말이 달라졌습니다. 나만 살겠다고 하지 않습니다. 잊었던 기도를 기억하고 있습니다. 나보다 자신의 곁에 더 안타까운 사연이 있는 며느리가 보였습니다. 그러더니 이 며느리의 살 길을 고민하고, 그 길을 제시하는 성숙한 자의 모습으로 변했습니다.

사랑하는 여러분, 우리의 시선은 어디에 있습니까? 온통 내게 있습니까? 아니면 내 주변에 있는 내 사랑과 섬김과 수고와 헌신이 필요한 자들에게 있습니까? 주께서 우리의 시선이 어디를 향하고 있는지 묻고 계십니다. 우리의 시선이 주님이 보시는 방향으로 향하기를 축원합니다.

룻의 신앙과 삶에 도전하다

이제 나오미는 입을 열어 룻을 위한 계획을 말합니다. 3장 2-5절 말씀입니다.

> 네가 함께하던 하녀들을 둔 보아스는 우리의 친족이 아니냐 보라 그가 오늘 밤에 타작 마당에서 보리를 까불리라 그런즉 너는 목욕하고 기름을 바르고 의복을 입고 타작 마당에 내려가서 그 사람이 먹고 마시기를 다 하기까지는 그에게 보이지 말고 그가 누울 때에 너는 그가 눕는 곳을 알았다가 들어가서 그의 발치 이불을 들고 거기 누우라 그가 네 할 일을 네게 알게 하리라 하니 룻이 시어머니에게 이르되 어머니의 말씀대로 내가 다 행하리이다 하니라

그런데 이 부분은 읽는 것만으로도 부담이 되는 이상한 권면입니다. 요약하면 이렇습니다. "추수한 보릿단에서 보리 낱알을 떨어 내는 밤에, 너는 예쁘게 단장하고 타작 마당에 누워 자려는 보아스의 이불 속으로 들어가 그 발 아래 누우라. 그리고 그 뒤에는 보아스가 하라는 대로 하라." 여러분, 이런 시어머니의 권면이 어디 있습니까? 이게 상식적으로 가능한 이야기입니까? 아주 저급한 막장 드라마에나 나올 것 같은 권면입니다. 그런데 여러분, 문제는 지금 이 막장 권면을, 주님의 얼굴을 보고 눈이 밝아진 나오미가 하고 있습니다. 뭐라고 당장에 설명하기는 어렵지만, 뭔가 다른 뜻이 있는 게 아닐런지 생각하게 만드는 부분입니다.

우리가 지금 이 나오미의 권면을 이해하려면, 당시의 근동 지역의 결혼 풍습, 특히 '형사 취수'라는 제도에 대한 지식이 필요합니다. 왜냐하면 나오미

의 권면은 이 제도에서 나오는 것이기 때문입니다. 간략하게 설명하면, 형사 취수란 형의 가문을 이어 주기 위해 동생이 죽은 형의 형수와 결혼하여, 자녀를 낳아 형의 가문을 잇도록 하는 제도입니다. 이 제도의 일차적인 목적은 형의 가문과 그의 재산을 보호해 주기 위한 것입니다. 이러한 제도는 이스라엘에만 있는 특별한 것이 아니라 당시 대부분의 유목민들이 가지고 있던 제도이고, 우리나라에서도 부여 시대에 있던 법입니다. 문제는 보아스가 이 엘리멜렉 가문을 지켜 주고 보호해 주어야 하는 일차적 고엘 형제는 아니라는 점입니다. 나오미는 정상적인 방법으로 보아스에게 고엘을 요청할 수 없다는 것을 알고 있습니다. 그래서 약간 편법이지만 룻에게 네가 직접 가서, 먼 의미에서의 고엘인 보아스에게 "우리 가문을 이어 달라"고 적극적인 청혼을 하라는 권면입니다.

나오미의 권면을 더욱 간결하게 하면, "너는 적극적으로 **보아스**에게 나아가라"라고 한 것입니다. 왜입니까? **보아스**가 그들의 **구속자**이기 때문입니다. 한 에바, 22리터나 되는 보릿자루를 받아 온 것은 잘한 것입니다. 이런저런 칭찬을 듣고, 신령한 축복을 받은 것도 좋은 것입니다. 마음의 위안이 되는 권면을 듣고 온 것도 괜찮습니다. 보리를 추수하는 기간 동안 **보아스**의 일꾼들 속에서 편하고, 안전하고, 풍족하게 일할 수 있는 것도 참 감사할 일입니다. 그런데 나오미의 말의 핵심은 "그 정도에 만족하지 말라"라는 것입니다. 나오미는 지금껏 받은 모든 것은 좋은 것이지만, 다 **보아스**의 손에서 나오는 것들이기에 "너는 그 모든 것을 네게 줄 수 있는 **보아스**를 얻어야 한다"는 권면을 하고 있는 것이죠.

나오미는 율법을 떠올렸습니다. 그녀는 **보아스**가 누구인지 정확하게 알고 있었습니다. **보아스**는 가까운 친족이며, 기업 무를 자(고엘)이며, 산 자와 죽은 자에게 은혜를 베푸는 자입니다. **보아스**는 룻의 구속자입니다. 며느리 룻에게 참된 안식을 가져다줄 수 있는 자는 **보아스**의 손에서 나오는 수많은 것들이 아니라 바로 **보아스**뿐이라는 것을 나오미는 정확하게 알았던 것입니다. 그래서 룻에게 "너는 **보아스**에게 나아가라, **보아스**를 붙잡으라, **보아스**의 발치에 가서 그의 은혜를 구하라"라고 권면한 것입니다. 신약의 언어로 바꾸면 마태복음 15장에 있는 가나안 여인이 했던 말 속에 답이 있습니다.

> 여자가 와서 예수께 절하며 이르되 주여 저를 도우소서 대답하여 이르시되 자녀의 떡을 취하여 개들에게 던짐이 마땅하지 아니하니라 여자가 이르되 주여 옳소이다마는 개들도 제 주인의 상에서 떨어지는 부스러기를 먹나이다 하니(마 15:25-27)

이스라엘 사람들이 개 취급을 하던 가나안 여자입니다. 그런데 자기 딸이 귀신 들렸습니다. 26절에 보면, 지금 귀신 들린 딸 문제로 나온 이 여인을 예수께서도 무시하며 개 취급하고 계십니다. 이때 여인이 주님을 향해 무섭게 대답하고 있습니다. "개들도 제 주인의 상에서 떨어지는 부스러기는 먹습니다." 나는 개라고 말하고, 그런 개도 주인의 상에서 떨어진 부스러기는 먹을 수 있는 거 아니냐고 물었습니다. 내 딸이 귀신에게 놓여 자유하게 되는 것도 부스러기니까 빨리 부스러기를 내놓으라는 것이죠.

여인을 향해 주님의 대답은 "네 믿음이 크도다 네 소원대로 되리라"(마 15:28)였습니다. 그런데 우리는 이 여인의 고백 속에서 하나를 더 발견할 수 있습니다. 여인은 분명 딸의 축사를 떡에서 떨어지는 부스러기라고 말했습니다. 그렇다면, 이 여인의 진정한 갈망은 무엇입니까? "떡도 먹고 싶다"는 것입니다. "멸시 받는 가나안 사람인 내게는 과분한 것이지만 내 마음의 간절한 소망은 떡도 먹는 것"이라는 말입니다. 여러분 왜 그렇습니까? 이 떡이신 예수에게서 모든 좋은 것이 나오는 것임을 이 여인은 알았습니다. 가나안 여인도 무엇이 떡이고 무엇이 부스러기인지 정확하게 알고 있었습니다. 나오미 역시 알았습니다. 그리고 "모든 부스러기들의 근원인 **보아스**를 잡으라"고 권면한 것입니다.

성도 여러분, 우리의 신앙은 어떻습니까? 우리의 기도는 어떻습니까? "제발, 보리 한 에바를 주십시오. 제발 오늘 안정되게 일할 수 있는 일터를 주십시오. 제발 내 마음에 위로가 필요하니 위로를 주십시오. 제발 저를 좀 인정해 주십시오. 나로 힘을 널리 떨칠 수 있는 건강을 주십시오"라고 구하는 기도를 하지 않습니까? 맞습니다. 우리는 당장에 우리에게 필요한 모든 것을 하나님께 구해야 합니다. 그런데 우리는 우리가 구하는 모든 것이 실제 부스러기일 뿐이라는 인식이 있습니까? 진짜는 따로 있다는 것을 알고 있느냐는 말입니다. 당장에 우리에게 필요한 것들을 구하십시오. 그러나 계속 거기에 머물러서는 안 됩니다. 거기서 멈추면 우리는 참된 안식을 누릴 수 없기 때문입니다. 추수가 끝나는 시기가 반드시 옵니다. 그때에는 더 이상 이삭줍기를 할 수 없습니다. 그러니 추수가 끝나기 전에 타작 마당으로 나와야 합니다. 그분을 얻기 위해, 그분과 결혼하기 위해, 그분의 발 앞에 엎드려야 합니다. 창피하고, 자존심 상하는 거 상관없습니다. 그분을 얻지 않으면 참된 안식을 얻을 수 없습니다. 이 사실을 알고 있다면 지금 그분 앞에 나아가 우리의 고엘을 얻는 것이 가장 지혜로운 선택입니다.

앞에서 말씀드렸던 것처럼 주님을 만난 인생은 반드시 변화될 수밖에 없습니다. 절대로 그대로 있을 수 없습니다. 반드시 바뀝니다. 텅 빈 마음으로 사람들의 시선을 피해 홀로 움막을 지키던 자기 연민에 빠진 늙은 과부 나오미도 자신을 찾아온 **보아스**의 이야기 속에서 정신을 차리고 눈을 떴습니다. 자신의 **구속자**를 보는 눈을 떴고, 가여운 청상과부 룻을 보는 눈이 생겼습니다. 그리고 이 룻을 권면해서 **보아스**를 붙잡게 했단 말입니다. 이 모든 텅 빈 인생의 문제 중심에 계신 **구속자**를 향해 달려가라고 권면한 것입니다. **보아스**를 만나기만 하면 더 이상 텅 빈 인생은 없습니다.

성도 여러분, 함께 나아갑시다. 부스러기를 구하는 기도를 멈추고 우리 주님의 얼굴을 향해 나아갑시다. 절대로 나는 이 빵을 포기하지 않겠다고, 그것을 얻기 위해 한밤중에 타작 마당을 통과해야 한다 할지라도, '나는 당신을 포기할 수 없다'는 마음으로 달려 나아갑시다. 생명의 떡이시고, 참된 생명수이시며, 영원한 안식이신 우리 주님을 붙들어 그분 자체를 소유하는 우리 모두가 되기를 축원합니다.

룻기 3장 6-18절

그가 타작 마당으로 내려가서 시어머니의 명령대로 다 하니라 보아스가 먹고 마시고 마음이 즐거워 가서 곡식 단 더미의 끝에 눕는지라 룻이 가만히 가서 그의 발치 이불을 들고 거기 누웠더라 밤중에 그가 놀라 몸을 돌이켜 본즉 한 여인이 자기 발치에 누워 있는지라 …… 룻이 새벽까지 그의 발치에 누웠다가 사람이 서로 알아보기 어려울 때에 일어났으니 보아스가 말하기를 여인이 타작 마당에 들어온 것을 사람이 알지 못하여야 할 것이라 하였음이라 보아스가 이르되 네 겉옷을 가져다가 그것을 펴서 잡으라 하매 그것을 펴서 잡으니 보리를 여섯 번 되어 룻에게 지워 주고 성읍으로 들어가니라 룻이 시어머니에게 가니 그가 이르되 내 딸아 어떻게 되었느냐 하니 룻이 그 사람이 자기에게 행한 것을 다 알리고 이르되 그가 내게 이 보리를 여섯 번 되어 주며 이르기를 빈 손으로 네 시어머니에게 가지 말라 하더이다 하니라 이에 시어머니가 이르되 내 딸아 이 사건이 어떻게 될지 알기까지 앉아 있으라 그 사람이 오늘 이 일을 성취하기 전에는 쉬지 아니하리라 하니라

7

그가 쉬지 않으리라

위험한 순종

수년 전이었습니다. 제가 가르치는 학생 한 명이 찾아와 자신이 읽고 있는 《위험한 순종》이라는 책에 대한 이야기를 했습니다. 저자는 미국에서 가장 영향력이 있는 목사 중 하나인 새들백 교회의 릭 워렌 목사의 사모, 케이 워렌이었습니다. 아주 평범한 목회자(미국에서 가장 영향력 있는 종교 지도자인 릭 워렌을 이렇게 말할 수 있는지는 모르겠습니다만)의 아내인 저자는 어느 날 월간지를 읽다 아프리카의 어린 에이즈 감염자 관련 기사를 읽었습니다. 무심코 잡지에 있는 참혹한 사진을 보다가 순간 하나님께서 그녀의 마음에 이 아이들을 위한 사역에 뛰어들라는 강력한 감동을 주셨습니다. 저자는 이렇게 하나님께 묻습니다. "하나님, 왜 저를 이렇게 괴롭히세요? 제가 할 수 있는 일은 아무것도 없어요. 저는 그저 평범한 여자일 뿐인데 그런 엄청난 문제에 대체 무엇을 어떻게 할 수 있단 말이에요? 게다가 저는 백인이고 미니밴을 모는 전형적인 미국 소시민인데 제가 아프리카의 질병에 대해 뭘 알겠습니까?"

그러나 하나님께서는 그녀에게 계속해서 이 문제에 대해 말씀하셨고, 그녀는 진지하게 이것을 붙들고 씨름했습니다. 결국 하나님 앞에 항복하고, 아프리카에서 에이즈로 고통받는 고아들을 위한 봉사 활동에 뛰어들게 되었습니다. 그녀는 이렇게 고백하고 있습니다. "주를 위해 멋지게 엉망이 된 거다! 그런데 나는 내 생애 어느 때보다 지금이 활기가 넘친다. 전에는 피하기만 했던 대인 관계와 사역에서 이젠 큰 보람을 느낀다. 막막한 상황에서도 어떻게 기쁨과 만족을 발견하는지 전보다 더 잘 알게 되었다. 나 자신이 예수께 더 가까워졌다. 내 생애는 이제 의미 있게 되었다고 확신한다. 이전의 내 모습으로는 절대로 돌아가고 싶지 않다. 가슴앓이하면서 주님을 위해 멋지게 이 한 몸 바치는 모습이야말로 내 생애 최고의 모습이라고 자부한다."

그녀는 안전하고 안정된 삶을 살 수 있는 사람이었습니다. 가장 영향력 있는 남편의 그늘 아래서 편하게 노후를 준비할 수 있는 사람이었습니다. 그런데 그녀에게 주님의 마음이 부어졌습니다. 그리고 그녀는 주님의 뜻을 좇아 안정된 곳에서 나와 불안한 곳으로 갔습니다. 그리고 "이전과 비교할 수 없이 불편하지만 동시에 이전과 비교할 수 없는 하나님의 은혜를 경험하는 삶을 살게 되었다"라는 고백을 하고 있습니다. 저는 그 책을 들고 온 청년과 이야기하면서 그 청년도 동일한 '위험한 순종'의 길을 걸을 수 있기를 축복했습니다. 그리고 우리에게도 동일한 마음을 나누고 싶습니다. 왜냐하면 이번 본문이 우리에게 보여 주는 이야기가 바로 이 '위험한 순종' 이야기이기 때문입니다.

한밤의 타작 마당

앞 장에서 나오미는 룻에게 타작 마당으로 가서 보아스가 어디에서 잠을 청하는지 보고 있다가 그의 이불 안으로 들어가라고 권면했습니다. 나오미가 룻에게 한 말의 핵심은 보아스가 주는 것에 만족하지 말고, 보아스 자체를 너의 남편으로 얻어야 한다는 것입니다. 보아스에게는 기업 무를 자(고엘)의 책임이 있으니 며느리 룻에게 언약을 근거로 타작 마당에 가서 보아스에게 청혼하라는 것이지요.

> 룻이 시어머니에게 이르되 어머니의 말씀대로 내가 다 행하리이다 하니라 그가 타작 마당으로 내려가서 시어머니의 명령대로 다 하니라 보아스가 먹고 마시고 마음이 즐거워 가서 곡식 단 더미의 끝에 눕는지라 룻이 가만히 가서 그의 발치 이불을 들고 거기 누웠더라 밤중에 그가 놀라 몸을 돌이켜 본즉 한 여인이 자기 발치에 누워 있는지라 이르되 네가 누구냐 하니 대답하되 나는 당신의 여종 룻이오니 당신의 옷자락을 펴 당신의 여종을 덮으소서 이는 당신이 기업을 무를 자가 됨이니이다 하니(3:5-9)

룻은 5절에서 나오미의 모든 말에 순종하겠다고 하고, 6절에서 나오미의 모든 권면대로 행했습니다. 7절에서 룻은 잠든 보아스의 이불 발치를 들고 들어가 그 아래 누웠습니다. 8절을 보면, 보아스가 자던 중에 놀라 깨어납니다. 그리고 이불 속에 있는 여인에게 "너는 누구냐?"라고 묻습니다. 여인이 말합니다. "나는 당신의 여종 룻이오니 당신의 옷자락을 펴 당신의 여종을 덮으소서"(3:9). 점잖은 표현이지만 이것은 청혼입니다. 룻이 보아스에게 야

심한 밤에 타작 마당에서 청혼을 한 것입니다.

우리는 이 이야기에서 어떠한 긴장감도 느끼지 못합니다. 이유는 당시 배경을 잘 모르기 때문입니다. 고대 사회에서 타작이 끝난 마당은 어떤 곳을 의미하는 것일까요? 룻과 보아스가 살던 사사 시대의 타작 마당의 모습은 어떠했을까요? 룻이 나오미의 권면을 듣고 행하는 것은 실제로 대단히 위험한 일이었습니다. 타작을 마친 후, 벌어지는 마당에서의 축제는 음주가무가 행해지며 많은 규범들이 무너지는 일탈의 축제이기 때문입니다. 타작 마당에서 어떤 일들이 일어났었는지를 보여 주는 말씀이 있습니다.

> 이스라엘아 너는 이방 사람처럼 기뻐 뛰놀지 말라 네가 음행하여 네 하나님을 떠나고 각 타작 마당에서 음행의 값을 좋아하였느니라(호 9:1)

훨씬 후대에 나온 이야기이지만, 호세아는 타락한 북이스라엘을 향해 이방인들이 타작 마당에서 음행을 하는 것처럼 그곳에서 뛰놀고 행음하지 말 것을 경고하고 있습니다. 당시 타작 마당은 심한 음주가 행해지는 곳이고, 남자들이 춤추는 곳이며, 심각한 음란이 행해지던 장소였습니다.

〈룻기〉는 사사들이 치리하던 때의 이야기입니다. 가나안 문화가 이스라엘 속에 가장 깊이 들어 와 있을 때입니다. 그렇다면 우리는 베들레헴의 타작 마당 역시 그렇게 젊은 여인에게 안전한 곳이 아니었을 거라 짐작할 수 있습니다. 타작 마당은 젊은 남자들이 술에 취해 뛰어다니는 무법천지의 장소일 수 있습니다.

나오미는 지금 룻을 향해 무법천지가 된 한밤의 타작 마당으로 곱게 화장을 하고 예쁜 옷을 입고 가라고 한 것이고, 룻은 시어머니의 권면대로 행한 것입니다. 나오미가 이런 타작 마당의 상황을 몰랐을까요? 아닙니다. 3절에 보면 나오미가 룻에게 당부하는 말이 있습니다.

    그에게 보이지 말고

이 표현은 "다른 사람들이 보지 않도록 숨어 있으라"는 것입니다. 사람들에게 단장한 네 모습을 절대 보여 주지 말라고 한 것입니다. 왜입니까? 타작 마당이 얼마나 위험한지 나오미도 알기 때문입니다.

그럼, 룻은 몰랐을까요? 모압 지역에서 자란 룻 역시 한밤의 타작 마당이 어떠한 곳인지 정확하게 알고 있습니다. 그런데 그럼에도 불구하고 시어머니는 권면했고, 룻은 타작 마당의 위험을 감수하고 한밤에 그곳을 향했습니다. 도착한 룻은 잠들어 있는 보아스의 발치로 들어가는 용기를 보여 주었습니다. 만약 룻이 보아스의 발치에 들어가 청혼했을 때, 보아스가 거절해 버리면 어떻게 됩니까? 룻은 수치를 당하게 됩니다. 자신이 지금까지 가지고 있었던 '현숙한 여인'이라는 타이틀마저 잃어버릴 수 있습니다. 룻이 나오미의 말에 순종한 것은, 사실은 룻의 전부가 걸린 위험한 선택이었습니다. 모든 것을 잃어버릴 수 있었습니다.

위험을 감수하고 순종했던 이유

그렇다면, 룻은 이런 위험한 일을 시키는 나오미에게 왜 순종했을까요? 룻 역시 자신에게 가장 좋은 것이 무엇인지를 정확하게 알았기 때문입니다. 그리고 가장 좋은 것을 얻기 위해서 그에 상응하는 대가를 지불할 수 있어야 한다는 것도 알고 있었습니다. 룻이 얻을 수 있는 것 중에 가장 좋은 것은 무엇입니까? **보아스**였습니다. 나오미도 알았고 룻도 알았던 보물은 바로 **보아스**입니다. 이들은 이 보물을 얻기 위해 무엇도 포기할 수 있었습니다. 룻은 정확하게 **보아스**가 누구인지 알고 있었고 그를 얻기 위해 자신의 모든 것을 걸었습니다. 근거는 무엇입니까? 그 밤 잠결에 놀라서 "너는 누구냐"라고 물었던 보아스에게 하는 룻의 대답에 나타납니다.

> 이르되 네가 누구냐 하니 대답하되 나는 당신의 여종 룻이오니 당신의 옷자락을 펴 당신의 여종을 덮으소서 이는 당신이 기업을 무를 자가 됨이니이다 하니 (3:9)

룻의 요청을 보십시오. "당신의 옷자락을 펴 당신의 여종을 덮어 주십시오"라고 합니다. 그런데 이 대화는 나오미가 알려 준 게 아닙니다. 룻이 스스로 준비한 청혼용 멘트입니다. 이 말에는 독특한 표현 하나가 있습니다. **옷자락**이라는 단어입니다. 성경 어디에도 "옷자락으로 덮으소서"라는 표현을 결혼과 관련해서 쓴 선례가 없습니다. 도대체 룻은 왜 청혼 멘트로 "옷자락으로 덮어 달라"라는 표현을 사용했을까요? 이유는 이전에 보아스가 자신에게 했던 축복의 표현에서 찾아 볼 수 있습니다. 보아스가 룻을 처음 만나 축복할 때 했던 말입니다.

> 여호와께서 네가 행한 일에 보답하시기를 원하며 이스라엘의 하나님 여호와께서 그의 날개 아래에 보호를 받으러 온 네게 온전한 상 주시기를 원하노라 하는지라 (2:12)

이 말은 보아스가 룻에게 한 칭찬과 축복이었습니다. 이스라엘의 하나님 여호와께서 그의 날개로 너를 덮어 주시기를 원한다고 축복한 것입니다. 그런데 여기 보아스의 축복 중심에 있는 **날개**로 번역된 단어와 룻이 청혼할 때 사용하는 **옷자락**이라는 단어가 같은 원어입니다. 즉 룻은 보아스에게, "당신이 나를 처음 만나 나를 축복해 주셨던 것처럼, 이제 당신의 옷자락(날개)으로 나를 덮어(보호하여) 주십시오"라고 당돌한 청혼을 한 것입니다.

여러분, 제가 지금 무엇을 말하려는 걸까요? 나오미가 그랬던 것처럼, 룻도 정확하게 보아스가 누구인지를 알아봤습니다. 자신이 저 모압 땅에서 베들레헴에 온 이유는 이스라엘의 하나님 여호와의 날개 아래에서 보호를 받기 위해서였습니다. 그런데 그녀가 이곳 베들레헴에서 보아스를 만났을 때 그의 입으로 자신이 이곳에 온 신앙적인 이유를 확인할 수 있었습니다. 그리고 보아스의 밭에서 그가 주는 **헤세드**를 경험했습니다. 시어머니 나오미마저 보아스가 바로 네가 찾던, 너를 덮어 줄 이스라엘의 하나님 여호와라고 말해 준 것입니다. 이스라엘의 하나님, 날개로 자기 백성을 덮으시는 분이 지금 눈앞의 **보아스**라는 것을 말입니다. 룻이 바랐던 분이 지금 한밤중 타작 마당에 있습니다. 어려움과 위험이 있다고 해서 포기해 버리기에는 그분은 너무 소중한 분이십니다. **보아스**를 알아봤기에 룻은 타작 마당의 위험을 뚫고, 용기 내어 **보아스**에게 나아올 수 있었던 것입니다.

저는 오늘날 조국 교회가 잃어버린 것이 이런 위험을 감수한 헌신이 아닌가 합니다. 저는 너무 오랫동안 청년들과 사역을 했나 봅니다. 어른들이 청년들에게 하는 말 중에 "철이 들어야지"라는 표현에 거부감을 느끼는 걸 보면 말입니다. 저는 "안정되었다"라는 말이 결코 칭찬으로 들리지 않습니다. 저는 예측 가능한 사람이 되고 싶은 생각이 없습니다. 저는 우리가 열심히 준비하고, 준비한 만큼만 이루어지는 인과율대로 움직이는 세상이 조금 답답합니다. 저는 하나님의 역사와 일하심을 믿는다면 어느 정도 인생이 모험적으로 되어야 한다고 생각합니다. 저는 우리 모두가 하나님을 많이 사랑하고, 그 사랑 때문에 때로는 세상으로부터 바보라는 소리를 들을 수 있으면 좋겠습니다. 뭔가 하나님을 믿지 않는 사람들은 전혀 생각할 수 없는 것들을 생각하고, 기대하지 못하는 것을 꿈꾸는 것이 있었으면 합니다. 때로는 어떤 일에 자신을 던지는 것을 보고 세상이 전혀 이해할 수 없는 헌신과 열정이 있기를 원합니다. 도무지 세상으로서는 예측할 수 없는 일들을 선택하는 삶이 어쩌면 성도의 삶이고, 교회의 선택이며 결정이어야 한다고 생각합니다.

우리는 너무 안전한 삶에 길들여져 있는 건 아닐까요? 우리는 너무 신앙 생활이 주는 위험을 한 번도 감수한 적 없이 살았던 것은 아닐까요? 우리는 우리가 생각하고 예측한 대로 돌아가는 세상, 우리가 통제할 수 있는 세상을 가장 좋은 세상이라 생각하지는 않습니까? 그래서 하나님께서 뭔가 내 생각보다 더한 것을 하려 하신다고 느껴지면 멈칫하는 것입니다.

저는 지금 우리 삶 속에서 세상이 놀랄 만한 그런 위태함이 있었는지 물어 보고 있습니다. 우리는 왜 이렇게 초라한 신앙 생활을 하는 것일까요? 저는 모험이 없는 신앙 상태, 위험을 감수하지 않는 신앙이 나오는 이유는 우리가 쥐고 있는 것이 얼마나 소중한 것인지 정확하게 모르고 있기 때문이라고 생각합니다. 이런 것이 얼마나 소중한지 모르기 때문에 곧 사라질 것들을 놓고 그 손으로 영원한 것을 붙들지 못합니다.

지체된 응답

룻은 우리와 같지 않았습니다. 룻은 지금 컴컴한 타작 마당이라는 위험, '현숙한 여인'이라는 자신의 명예가 한순간에 사라질 수 있다는 위험이 그곳에 있다는 것을 알면서도 보아스를 향해 나아갔습니다. 그리고 잠에서 깨어난 보아스에게 청혼하고 있습니다. "나는 당신과 결혼하기 위해 이 타작 마당을 통과해 왔습니다. 당신은 내가 알기로, 분명 내가 피하려고 온 하나님의 날개를 가지고 있는 하나님이십니다. 그러니 당신의 날개로 나를 덮어 나에게 완전한 상이 되어 주십시오."

이제 보아스가 대답할 차례입니다.

> 그가 이르되 내 딸아 여호와께서 네게 복 주시기를 원하노라 네가 가난하건 부하건 젊은 자를 따르지 아니하였으니 네가 베푼 인애가 처음보다 나중이 더하도다 그리고 이제 내 딸아 두려워하지 말라 내가 네 말대로 네게 다 행하리라 네가 현숙한 여자인 줄을 나의 성읍 백성이 다 아느니라(3:10-11)

보아스가 룻의 말을 듣고, 룻의 뜻대로 "다 행하리라"라고 말합니다. 보아스는 룻의 마음을 받아들이기로 결정했습니다. 이유는 10절에 있는 룻의 청혼이 단순하게 룻 자신의 행복을 위한 것이 아니라 여전히 죽은 남편과 시어머니를 위한 **헤세드**에서 나왔다는 것을 그가 알았기 때문입니다. 보아스는 룻에게 감격했습니다. "자네는 가난하건 부하건 젊은 자를 따를 수 있는 여인인데 당신이 행복할 기회를 포기하고 이 늙은 나에게 찾아와 청혼을 하는 것은 당신의 죽은 남편과 시모와 그 가문을 위한 **헤세드** 때문이라는 것을 알겠네"라고 말합니다. 그러면서 "이제 내 딸아 두려워하지 말라 내가 네 말대로 네게 다 행하리라"(10절)라고 약속합니다. 이제 결정 난 것 같습니다. 보아스는 기쁘게 룻의 청혼을 받아들였습니다. 이제 룻과 나오미의 인생은 보아스라는 든든한 후원자와 함께합니다. 그런데 갑작스럽게 12절이 등장합니다.

> 참으로 나는 기업을 무를 자이나 기업 무를 자로서 나보다 더 가까운 사람이 있으니(3:12)

보아스의 입에서 나오미에게 다른 기업 무를 자가 있어, 그가 기업 무를 권리를 주장하면 나는 기업을 이을 수 없다는 말을 한 것입니다. 이런 상황을 룻은 전혀 알 수 없었습니다. 너무 갑작스러웠습니다. 이제까지 수고했던 모든 것이 허사가 될 판이었습니다.

우리는 이미 룻기의 결론까지 다 알고 있기 때문에 전혀 긴장감이 없습니다. 왜냐하면 우리는 결국 보아스와 룻이 결혼한다는 사실을 알고 있기 때문입니다. 그래서 3장에서 등장하는 이 걸림돌에 크게 관심이 없을 수도 있습니다. 어차피 다 해결될 문제이기 때문이죠. 그러나 룻과 나오미의 입장이 되어서 오늘 본문 속에 있는 보아스의 말을 처음 들었다고 생각해 봅시다. 룻이 "기업 무를 자로서 나보다 더 가까운 사람이 있다"(12절)는 말을 들었을 때, 어떤 생각을 했을까요? 더 가까운 친족이 있어서 그가 권리를 포기하지 않는다면 이제까지 믿음으로 결단하고 선택하고 움직인 모든 것이 다 날아가 버리는 겁니다. 이 이야기는 청천벽력인 것입니다.

그러나 우리는 의외로 이러한 청천벽력과 같은 일들을 신앙 생활에서 자주 경험합니다. 하나님께서 우리로 하여금 가장 좋은 것을 주실 수 있음에도 불구하고 때로 그것을 유보하시는 것처럼 보이는 경우가 있습니다. 분명히 하나님의 뜻을 구하며 기도하면서 결정한 일입니다. 또 기도하는 중에 하나님께서 반드시 이 일을 이루시겠다는 확신도 주셨습니다. 그런데 막상 일이 해결되지 않습니다. 분명히 하나님께서 이루실 것은 알겠는데, 내 생각과 다르게 하나님의 도움의 손이 임하지 않습니다. 정말 하나님께서 기뻐하시는 헌신을 했고 그분이 그 헌신을 기쁘게 받으셨다는 확신도 있는데 말이죠. 이제 하나님 편에서 이 헌신에 대해, 그분의 사랑으로 갚아 주셔야 할 때인 것 같습니다. 그런데 우리 하나님께서는 여전히 가만히 계십니다. 우리를 여전히 기다리게 하십니다.

성도 여러분, 하나님의 일하심을 기다리는 것은 정말 어려운 일입니다. 그런데 성도의 삶은 이런 기다림의 연속입니다. 하나님은 우리를 참 많이 기다리게 하십니다. 저는 새벽에 교회에 나와 기도하는 성도들을 봅니다. 제가 아는 것은 새벽마다 기도하는 성도들의 기도가 대부분 비슷하다는 것입니다. 새벽마다 기도하는 제목이 어제 드렸던 기도 제목과 대부분 비슷하다는 것은 그분의 기도가 어제도 응답되지 않았다는 것을 의미합니다. 여러분, 우리 하나님은 왜 이러시는 걸까요? 주신다고 했으면 빨리 주시지, 왜 이렇게 시간을 돌리고 돌리시며, 우리의 마음을 타게 하시는지 모르겠습니다.

하나님의 더딘 성취에 대한 대답은, "그분께 뭔가 다른 생각이 있으시겠지"입니다. 우리 하나님은 나만의 하나님이 아니십니다. 그분은 고려하셔야 하는 것이 많습니다. 그분은 위대한 승부사이시며 최고의 선생님이십니다. '지금'이라고 생각하는 나의 시간이 그분이 계획하신 그 시간은 아닙니다. 그러나 우리가 그 모든 사실을 다 알고 있어도, 우리의 기다림이 힘들다는 것에 대해 달라진 것은 없습니다. 그렇다면, 우리가 주님이 주시는 기다림 속에서 배워야 하는 건 무엇일까요? 이 기다림 속에서 우리는 인생의 주인이 내가 아니라 하나님 아버지이심을 다시 확인해야 합니다.

주님, 언제까지입니까

보아스는 친절하게 룻을 배려합니다. 룻의 몸에 손대지 않습니다. 또 룻이 타작 마당에 온 것을 다른 사람들에게 알리지 않습니다. 자신이 기업 무를 자를 찾아가서 이 부분을 해결하겠다고 말하고는 룻을 집으로 돌려보냈습니다.

> 보아스가 이르되 네 겉옷을 가져다가 그것을 펴서 잡으라 하매 그것을 펴서 잡으니 보리를 여섯 번 되어 룻에게 지워 주고 성읍으로 들어가니라 룻이 시어머니에게 가니 그가 이르되 내 딸아 어떻게 되었느냐 하니 룻이 그 사람이 자기에게 행한 것을 다 알리고 이르되 그가 내게 이 보리를 여섯 번 되어 주며 이르기를 빈손으로 네 시어머니에게 가지 말라 하더이다 하니라 (3:15-17)

보아스는 "보리를 여섯 번 되어 룻에게 지워 주고"(15절), "보리를 여섯 번 되어 주며"(17절) 룻을 돌려보냈습니다. 보아스가 돌아가려는 룻에게 방금 타작한 보리를 여섯 번 '되어 주었다'는 것입니다. 그런데 여러분, 이 문장이 두 번이나 반복해서 쓰였습니다. 왜 보리의 양을, 몇 에바 또는 몇 호멜이라는 이스라엘의 부피 단위로 쓰지 않고 '여섯 번'이라는 횟수를 강조하는 것처럼 제시하고 있는 걸까요?

저는 '여섯'이 의미하는 바 때문에 이런 방식으로 이 문장을 기록했다고 생각합니다. 보리를 얼마나 주었는지는 실상 중요한 게 아닙니다. 이 '여섯 번 되어 주는 보리'가 집에서 오매불망 룻이 돌아오기를 기다리고 있었던 나오미에게 보내는 보아스의 '사인'인 것입니다. 이 사인이 의미를 담고 있는 것은 보리가 아니라 '여섯'인 것입니다. 이스라엘 백성들은 각각 숫자에 고유 의미를 부여했습니다. 대표적인 것이 '일곱'입니다. '일곱'은 '완전'을 의미하는 하나님의 숫자, '안식'을 의미하는 완성 숫자입니다. 그렇다면 '일곱'에서 하나가 부족한 '여섯'은 무슨 의미를 담고 있을까요? 부정적으로 이해한다면, 부족함 또는 유사함이 됩니다. 성경의 용례에서 그렇게 부정적인 의미에서 '여섯'이라는 숫자를 사용하는 경우도 많습니다. 대표적인 것이 요한계시록에 있는 666표가 될 것입니다. 그러나 또 '여섯'을 긍정적으로 해석할 수 있는 방식도 있습니다. 긍정적으로 보면 '여섯'은 '일곱'이라는 안식으로 가는 '마지막 단계'라는 의미를 지니고 있습니다. 물론 아직 안식에 도달한 것은 아닙니다. 그러나 이제 곧 안식에 도달할 것이라는 말입니다. 이 '여섯'은 '기대와 소망과 위로의 숫자'도 될 수 있습니다. 직장인들에게 이것은 금요일 오후라는 숫자입니다. 여전히 지금은 힘들게 최선을 다해 땀 흘려 일해야 하는 시간입니다. 그러나 이제 조금만 더 견디면 일과가 끝납니다. 내일은 쉬는 날입니다. 그러나 오늘만 견디면, 조금만 더 참으면 됩니다. 그래서 금요일을 사는 사람들은 어떻게 합니까? 절대 포기하지 않습니다. 조금만 더 가면 되기 때문에 끝까지 참습니다. 내일에 있을 안식에 대한 기대로, 오늘을 힘 있게 살 수 있는 것이 여섯째 날을 사는 사람들의 삶의 방식입니다. 보아스가 여섯 번 보리를 퍼 주며, 나오미에게 전하는 메시지가 이것입니다. "내가 곧 이 문제를 해결하고 룻을 아내로 맞이하겠다. 절대 이 기다림의 시간이 너무 길지 않게 하겠다. 내가 속히 오겠다"라는 약속입니다.

저는 고통 가운데 있는 이들, 하나님께서 주신 마음에 반응하여 헌신하고 수고하나 인생의 문제가 해결되지 않아 힘들어하는 사람들을 위해, 거의 매일 기도하면서 반복하는 한 문장이 있습니다. "하나님, 우리 성도가 조금만 더 견디게 해 주십시오"라는 기도입니다. 저는 이렇게 기도합니다. "하나님, 제발 이 모퉁이를 지나게 하옵소서. 하나님, 제발 저 언덕만 넘어서게 하옵소서. 이 모퉁이만 돌고 이 언덕만 올라서면 그곳에 참된 안식과 위로가 있을 텐데 혹여나 여기 이 모퉁이와 언덕 앞에 주저앉아서 그 안식과 위로를 누리지 못하는 인생이 되지 않게 하옵소서. 주님, 우리 성도들에게 조금만 더 힘을 내어 믿음으로 걸어가게 해 주십시오. 제발, 하나님! 오늘 하루 살 힘을 주셔서 오늘만 살아 내게 하옵소서. 오, 하나님! 우리 체질을 아시오니 이 연단의 시간이 우리가 감당할 수 없을 만큼 긴 것이 되지 않게 하옵소서!" 이것이 제가 반복하는 기도입니다.

사랑하는 여러분, 삶 가운데 우리 하나님의 응답이 더딘 것을 같은 경험 많이 하시지요? 내 생각대로, 내 시간과 방식으로 움직이지 않으시는 무정해 보이는 우리 주님 때문에 우시는 날 있으시지요? 그런데 여러분, 지금은 '여섯째 날'입니다. 거의 다 왔습니다. 조금만 더 가면 됩니다. 지금까지 왔는데, 이제 하나 남았는데 여기서 포기하시면 안 됩니다. 다시 힘을 내어 마지막 하나를 채워야 합니다. 우리 주님께서 준비하신 참된 안식을 맛보게 되는 날까지, 이 소망으로 오늘을 또 인내하고 그분을 고대하며 살아 내는 우리가 되기를 축원합니다.

그가 쉬지 않으리라

> 이에 시어머니가 이르되 내 딸아 이 사건이 어떻게 될지 알기까지 앉아 있으라 그 사람이 오늘 이 일을 성취하기 전에는 쉬지 아니하리라 하니라(3:18)

나오미는 모든 내용을 다 들었고, 보아스가 여섯 번 되어 준 보리에 담긴 메시지를 읽었습니다. 나오미는 불안해하는 룻을 위로하며 격려하며 말합니다. "내 딸아, 이제 우리 자리에 앉자. 우리는 할 바를 다했으니 이제 그가 어떻게 하는지 보자. 그 사람은 이 일을 성취하기 전에는 결코 쉬지 않을 거란다."

성도 여러분, 우리는 참된 안식을 누릴 것입니다. 우리는 **보아스**이신 예수 그리스도의 신부로 어린양의 혼인 잔치의 주인공이 될 것이며, 그분과 영원토록 행복하게 살 것입니다. 우리는 '이 일의 결국'에 대해 확신할 수 있습니다. 왜입니까? 불안하고 모자란 우리 때문이 아니라 우리의 신랑이 되시는 **보아스**의 신실함 때문입니다. "그 사람이 오늘 이 일을 성취하기 전에는 쉬지 아니하리라." 이것이 우리가 바라보는 우리 주님이란 말입니다. 그분이 우리의 구원을 위해 쉬지 않으십니다. 그분이 끝까지 우리를 붙들어 우리로 마땅히 가야 할 자리에 가 있게 하실 것입니다. 우리가 할 수 있는 것을 다 했다면, 이제는 그분이 일하셔서 결국은 이 모든 일을 완성하실 것입니다.

예수께서 십자가에 달리셨을 때, 그분은 30대 청년이었음에도 십자가에 달리신 지 여섯 시간 만에 돌아가셨습니다. 그날은 탈수가 심하게 일어나는 맑은 날이 아니라 태양이 가려질 만큼 구름이 많았던 날입니다. 이런 경우 십자가에 달린 자는 그대로 두면 보름 이상을 살아 있기도 했습니다. 그런데 우리 주님은 십자가 위에서 여섯 시간을 넘기지 못하셨습니다. 많은 형을 집행해 온 로마 군인들에게조차 예수의 이른 죽음은 이례적이었습니다. 그래서 죽음을 확인하기 위해 그분의 옆구리를 창으로 찔렀던 것입니다.

여러분, 예수께서는 왜 이렇게 일찍 돌아가신 것일까요? 무엇이 그분으로 하여금 여섯 시간밖에 견디지 못하게 했던 것일까요? 정답은 없습니다. 그러나 저는 이전에 이 말씀을 묵상하다가 생각난 것이 있습니다. 예수께서 이 땅을 사셨던 모든 시간을 그분은 자신의 전부를 쏟아 사역하셨다는 것입니다. 막상 예수께서 십자가에 달리셨을 때에는 이미 그분의 생명력의 대부분을 다 쏟으신 후였다는 묵상입니다. 막상 십자가에 달리셨을 때, 그 십자가 위에서 견딜 수 있는 기력이 여섯 시간밖에 남지 않았을 것입니다. 잡히시기 전, 고초 당하시기 전, 십자가에 달리시기 전에 이미 그분은 거의 죽을 만큼 자신을 소진하며 이 땅에서의 시간을 사셨습니다. 십자가에서 단 하루를 버틸 힘조차 남기지 않으시고, 이 땅에 있는 자기 백성을 위해 자신을 다 쏟아 버리시는 하루하루의 일상을 사셨습니다.

사랑하는 여러분, 예수께서는 우리를 위한 구원을 마치기까지 결코 쉬지 않으셨습니다.

> 세상에 있는 자기 사람들을 사랑하시되 끝까지 사랑하시니라(요 13:1)

이 일을 성취하시기까지 그 몸과 마음을 조금도 쉬게 하지 않으셨습니다. 왜냐하면 우리를 정말 사랑하셨기 때문입니다. 그렇다면, 우리 주님은 지금 무엇을 하고 계십니까? 하나님 보좌 우편에 계십니다. 그 보좌 우편에서 우리를 위한 중보를 쉬지 않고 하고 계십니다. 주님은 여전히 우리가 그분의 참된 안식에 들어가기까지 쉬지 않고 중보하고 계십니다.

 이 시간, 이 일을 완성하실 때까지 결코 쉬지 않으시는 우리 주님을 신뢰함으로, 주저앉았던 자리에서 다시 한 번 일어나, 믿음의 길에 서시기 바랍니다. 낙심한 우리의 마음을 회복해 주시기를 구합시다. 이 언덕만 넘으면, 이 모퉁이만 돌면, 우리 주님이 거기 계실지 모릅니다. 그러니 힘을 내십시오. 이렇게 또 한 주를 소망으로 인내하며 살아 냅시다. 우리 주님께서 그 모퉁이와 언덕 뒤에 기다리고 계시다가 우리를 맞아 주시고, 그분을 붙잡고 기뻐 춤추게 되는 날을 우리 모두가 경험하기를 주님의 이름으로 축원합니다.

룻기 4장 1-10절

보아스가 성문으로 올라가서 거기 앉아 있더니 마침 보아스가 말하던 기업 무를 자가 지나가는지라 보아스가 그에게 이르되 아무개여 이리로 와서 앉으라 하니 그가 와서 앉으매 보아스가 그 성읍 장로 열 명을 청하여 이르되 당신들은 여기 앉으라 하니 그들이 앉으매 보아스가 그 기업 무를 자에게 이르되 모압 지방에서 돌아온 나오미가 우리 형제 엘리멜렉의 소유지를 팔려 하므로 내가 여기 앉은 이들과 내 백성의 장로들 앞에서 그것을 사라고 네게 말하여 알게 하려 하였노라 만일 네가 무르려면 무르려니와 만일 네가 무르지 아니하려거든 내게 고하여 알게 하라 네 다음은 나요 그 외에는 무를 자가 없느니라 하니 그가 이르되 내가 무르리라 하는지라 …… 이에 그 기업 무를 자가 보아스에게 이르되 네가 너를 위하여 사라 하고 그의 신을 벗는지라 보아스가 장로들과 모든 백성에게 이르되 내가 엘리멜렉과 기룐과 말론에게 있던 모든 것을 나오미의 손에서 산 일에 너희가 오늘 증인이 되었고 또 말론의 아내 모압 여인 룻을 사서 나의 아내로 맞이하고 그 죽은 자의 기업을 그의 이름으로 세워 그의 이름이 그의 형제 중과 그 곳 성문에서 끊어지지 아니하게 함에 너희가 오늘 증인이 되었느니라 하니

8
아무개여

짐 엘리엇의 일기에서

1956년 미국 전역을 큰 충격으로 몰아 넣었던 사건 하나가 있습니다. 바로 짐 엘리엇 선교사와 그 일행의 순교 사건이었습니다. 짐 엘리엇은 글을 잘 썼고, 재능 있는 연설가이자 교사였습니다. 명문 휘튼 대학 재학 시절 그는 지도력 있는 학생이었고 동시에 레슬링부의 챔피언이자 스타이기도 했습니다. 대학을 수석으로 졸업한 엘리엇은 그의 탁월한 이력에도 불구하고 에콰도르에 있는 대단히 호전적인 아우카 부족에게 복음을 전하기 위해 친구들과 함께 떠납니다. 1956년 1월 8일 그들은 아우카 부족과 만났다는 무전 연락을 남긴 채 돌아오지 않았고, 구조대가 갔을 때 이들 다섯은 모두 창과 도끼로 살해당한 뒤였습니다.

당시 미국의 〈타임〉지와 〈라이프〉지는 이 사건을 보도하며 "그들은 아우카 족을 알게 되었다. 아우카 족은 수백 년 동안 외부인들은 모두 다 죽여 왔다. 다른 인디언들은 그들을 두려워하였으나 선교사들은 아우카 족에게 가기로 결심했다. 이 얼마나 불필요한 낭비인가! 이 장래가 촉망되는 젊은이들이 도대체 무엇 때문에 멀리 남미까지 가서 제대로 일도 못하고 개죽음을 당해야 하는가"라는 내용의 기사를 실었습니다. 이 기사의 헤드라인은 "이 얼마나 불필요한 낭비인가!"(What a unnecessary waste!)였습니다.

그러나 여러분, 이것이 과연 낭비이고, 바보 같은 짓일까요? 이번 장은 보아스를 통해 이 질문에 대한 답을 찾아보고자 합니다.

성문 앞에서 기업 무를 자를 찾다

지난 장에서 우리는 룻이 보아스를 찾아가 노골적인 청혼을 하는 것을 보았습니다. 율법과 자신이 했던 축복을 근거로 정확하게 청혼하는 룻을 향해 보아스는 감격하며 자신의 기쁨을 표현했습니다. 그 장면만 생각하면 이제 당장 결혼식을 올릴 것 같았습니다. 그런데 갑자기 보아스가 초를 치는 말을 했습니다. "나보다 먼저 기업 무를 권리를 가진 자가 하나 있으니 그의 의사도 들어 봐야 한다"라는 말이었습니다. 보아스는 돌아가는 룻에게 보리를 여섯 번 되어 주어 보냈습니다. 나오미는 보아스의 사인을 보고 말합니다. "그 사람이 오늘 이 일을 성취하기 전에는 쉬지 아니하리라"(3:18). 자, 이제 우리는 쉬지 않는 보아스가 무슨 일을 하는지를 볼 것입니다. 과연 보아스는 이 문제를 어떻게 해결할까요?

성문 앞에 있었던 사람들의 대화를 바르게 이해하려면, 먼저 **성문 앞의** 의미와 그들 대화의 중심이 되는 **기업 무르는 것**이 무엇인지를 알고 있어야 합니다.

먼저, **성문 앞**을 정리해 봅시다. 가장 일반적으로 우리가 생각하는 **성문**

앞은, 성의 외부와 내부를 연결하는 통로인 성곽의 문 앞일 것입니다. 성경에서 그런 일반적인 용도로 **성문 앞**을 쓰는 경우도 물론 있습니다. 하지만 이번 본문에서 **성문 앞**, 또는 "성문 앞에 앉았다"라는 말은 이후에 나오는 내용을 볼 때, 성벽에 있는 문이라고 생각했을 때는 이해할 수 없습니다. 또 베들레헴의 경우에는 마을의 규모가 작아 실제 성벽이 존재했던 적도 없습니다. 여기 나와 있는 **성문 앞**은 마을 중앙에 있는 광장을 의미합니다. 광장에는 이 마을을 상징하는 성문 모양의 아치가 있습니다. 그리고 그곳에서 마을의 정치적인 결정이나 공적인 재판, 또는 큰 행사들을 치뤘습니다. 보아스가 "성문 앞으로 나갔다"라는 것은 보아스가 기업 무르는 문제를 사적으로 해결하려 한 것이 아니라 이스라엘 공동체 전체 앞에서 공명정대하게 처리하려고 했다는 것을 의미합니다.

다음으로, **기업 무르는 것**은 크게 세 가지를 의미합니다. 첫째는 가까운 친척이 돈을 잘못 사용해서 타인의 종이 되었을 때, 그 빚진 친척을 돈 주고 사서 자유 신분이 되도록 하는 것입니다. 둘째는 자신의 집안 대대로 내려오는 땅을 다른 사람에게 팔게 되었을 때, 친척이 그 가문의 땅을 사서 땅의 원주인에게 돌려주는 것입니다. 셋째는 친척이 누군가에게 부당하게 죽임을 당했을 때, 그 죽은 자의 원한을 풀어 주기 위해 친척들이 함께 복수해 주는 것입니다. 오늘날처럼 개인화된 사회에서는 **기업 무르기**의 이런 상황 자체가 생소합니다. 그러나 법질서가 바로 세워져 있지 않고, 국가 권력이 미치는 범위가 지금과 같지 않았던 고대 사회에 이 제도는 개인과 가족을 보호하기 위한 가장 중요한 제도 중 하나였습니다. 또 이 제도 자체가 '하나님 나라의 공동체성'을 반영하는 것이기도 합니다. 왜냐하면 강한 자가 약한 자를 책임지고 약한 자를 돌보기 위한 손해를 감수하는 것이 이 제도의 특징이기 때문입니다. 룻은 보아스에게 기업 무를 자로서 가문의 땅과 회복을 위한 희생을 요구한 것이었고, 보아스는 이것을 수용한 것입니다.

보아스는 청혼을 받자, 나오미가 말했던 것처럼, '이 일을 성취하기 전에는 쉬지 않고' 문제를 해결하려고 당시 재판을 하던 베들레헴의 성문으로 나갑니다. 보아스는 성문에 올라가 거기 앉아 누군가를 기다렸습니다. 그리고 마침 성문을 우연히 지나가는 기업 무를 자를 만납니다. 보아스는 성의 장로 열 명을 또 불러서 정식 재판을 시작합니다. 아주 공개적인 자리에서 당당하게 엘리멜렉의 기업 무르는 문제에 대해 정리하려 한 것입니다. 보아스가 성문에 앉았을 때, **마침** 이 기업 무를 자가 나타났다고 합니다. 이것은 하나님께서 이 일의 배후에서 일하고 계시다는 증거입니다. 절묘한 하나님의 인도입니다. 이 재판은 과연 어떻게 진행될까요?

내가 무르리라

3-4절에서 보아스는 기업 무를 자에게 상황을 간략하게 설명합니다.

> 보아스가 그 기업 무를 자에게 이르되 모압 지방에서 돌아온 나오미가 우리 형제 엘리멜렉의 소유지를 팔려 하므로 내가 여기 앉은 이들과 내 백성의 장로들 앞에서 그것을 사라고 네게 말하여 알게 하려 하였노라 만일 네가 무르려면 무르려니와 만일 네가 무르지 아니하려거든 내게 고하여 알게 하라 네 다음은 나요 그 외에는 무를 자가 없느니라 하니 그가 이르되 내가 무르리라 하는지라

모압에서 돌아온 나오미가 친척인 엘리멜렉의 소유지를 팔려고 하는데

이것을 당신이 사 주어야 하는 의무가 있다고 합니다. 지금 여기 열 명의 장로들 앞에서 당신이 선택해야 하고, 만약 당신이 그 기업을 무르지 않겠다고 하면, 그 다음 순번인 내가 기업을 무르겠다는 내용을 전합니다.

기업 무를 자는 그 내용을 듣고, 주저하지 않고 대답합니다. "내가 무르리라"(4:4). 여러분, 이게 어떻게 된 일일까요? 지금까지의 스토리만 보면, 보아스와 룻이 결혼을 해야 합니다. 그런데 갑자기 등장한 '기업 무를 자'에게 지금 모든 것을 빼앗길 위기입니다. 차라리 이런 공식적인 절차를 밟지 않았더라면, 그냥 보아스가 룻의 청혼을 받아들여서 결혼을 했거나 사전에 이 기업 무를 자를 만나 사적으로 입을 맞췄어야 했는데, 너무나 안이하게 또는 공명정대하게 이 문제를 해결하려다가 상황이 더 힘들어진 것 아닌가 싶습니다. 문제는 심각해졌습니다. 지금 기업 무르는 것에 대한 우선권을 가진 사람이 자신이 엘리멜렉의 기업을 무르겠다고 장로들 앞에서 선언해 버렸습니다. 모든 것이 꼬이는 것 같습니다. 절차대로 해 보려 했다가 엉뚱한 사람에게 모든 것을 다 빼앗길 위기입니다.

다시 말씀드립니다. 우리는 이 이야기 전체를 알고 있기 때문에 기업 무를 자의 말을 듣고도 반응이 없습니다. 놀람도 탄식도 긴장도 없습니다. 그래서 이 이야기를 마치 처음 듣는 것처럼 본문의 사건을 살펴야 합니다. 성문 앞에 있었을 보아스의 입장에서 이 기업 무를 자의 심장 떨리는 선언을 들어 보십시오. 나중에 이 상황에 대해 들었을 룻의 입장에서 읽어 보십시오. 기업 무를 자의 입에서 나온 한마디는, 이제까지 보아스와 룻이 만들어 온 이야기들을 모두 엉망으로 만들 수 있었습니다. 엘리멜렉의 기업과 룻이 한 일도 제대로 알지 못하는 사람에게 넘어갈 수 있는 위기입니다.

나는 무르지 못하겠노라

보아스는 급하게 기업 무를 자에게 그가 기업을 무른다는 것이 어떤 것을 의미하는 것인지 다시 설명합니다.

> 보아스가 이르되 네가 나오미의 손에서 그 밭을 사는 날에 곧 죽은 자의 아내 모압 여인 룻에게서 사서 그 죽은 자의 기업을 그의 이름으로 세워야 할지니라 하니(4:5)

나오미에게 엘리멜렉의 소유지를 산다는 것은 엘리멜렉의 죽은 아들의 아내였던 이방 여인 룻과 결혼을 해야 한다는 것이고, 그녀와 결혼하여 자녀를 낳아 그 자녀를 엘리멜렉 가문의 자식으로 주어야 하며, 그 자식에게 당신이 값 주고 산 엘리멜렉의 모든 소유지를 상속해야 한다는 것을 의미한다고 설명합니다. 핵심은, 당신은 이 기업을 무르는 데 많은 돈을 써야 하고 나중에는 룻의 자녀에게 다 상속해 주어야 한다는 것입니다. 이 설명을 들은 기업 무를 자의 대답입니다.

> 그 기업 무를 자가 이르되 나는 내 기업에 손해가 있을까 하여 나를 위하여 무르지 못하노니 내가 무를 것을 네가 무르라 나는 무르지 못하겠노라 하는지라 (4:6)

기업 무를 자는 땅만 산다고 할 때는 좋다고 달려들었습니다. 엘리멜렉의 소유지에 대한 권리를 나오미에게 사면, 나오미만 죽으면 대대손손 그 땅은 자신의 땅이 되기 때문입니다. 나오미는 이미 자식을 낳을 수 없으니 그것은 좋은 투자였기에 처음에는 **기업 무르는 것**을 흔쾌히 받아들였던 것입니다. 합법적으로 자신과 가문 소유의 땅을 넓힐 수 있는 기회였기 때문입니다. 그런데 막상 나오미의 땅과 함께 그 집의 어린 과부와 결혼을 해야 하며, 이 과부를 통해 자식을 낳아 주어야 하고, 그 자식으로 엘리멜렉의 가문을 이어 가도록 해 줄 뿐 아니라 자신이 값 주고 산 모든 땅까지 상속해야 한다는 조건을 들으니, 이건 자기 재산에 이익이 되기보다는 큰 손해가 되는 계약인 것입니다. 기업 무를 자는 이 모든 것을 계산하고, 기업 무를 권리를 포기하며 뒤로 물러섭니다. 마음이 바뀐 것입니다. 그가 직접 밝히는 이유는 "내 기업에 손해가 있을까 하여"(4:6) 입니다.

여러분, 앞에서 말씀드렸지만 **기업 무르는 것**은 원래 자신은 손해를 입을 수밖에 없지만, 자신보다 약하고 상한 친족을 돕기 위한 법입니다. 강한 자가 약한 자를 위하여 자신에게 있는 것으로 약한 자의 필요를 채우는 사회 안전망이었습니다. 그런데 이 기업 무를 자는 처음 보아스의 제안을 들으면서 **기업 무르는 것**이 자기 기업에 이익이 될 것이라는 판단에서 기업을 무르겠다고 말한 것이었습니다. 그러다가 이후에 조금 더 세부적인 내용을 알게 되고, 자신이 경제적으로 손실을 당할 가능성이 크다는 것을 알고는 순간적으로 마음이 바뀐 것입니다. "나를 위하여 무르지 못하노니 내가 무를 것을 네가 무르라 나는 무르지 못하겠노라"(4:6). 그는 **기업 무르는 것**의 기본적인 성격이 긍휼에서 나온 헌신이며 희생이라는 것을 전혀 몰랐던 사람인 것입니다. 성경은 일부러 "나는 무르지 못하겠노라"라는 말을 반복하고 있습니다. 기업 무를 자가 손사래를 치며, "나는 절대 그 기업 무르지 않겠다"고 물러서는 모습을 성경은 보여 주고 있습니다. 8절에 보면, 그는 이 포기의 증거로, 신을 벗고 있습니다. 이 행동은 나의 모든 **기업 무를 권리**를 포기하겠다는 의미입니다. 이것은 당시 사회에서는 대단히 창피한 일이었습니다. 왜냐하면 자신이 마땅히 감당해야 할 친족에 대한 책임을 회피하는 것이기 때문입니다. 그럼에도 불구하고 기업 무를 자는 적극적으로 이 기업 무를 권리를 포기하고, 보아스에게 인계합니다. 이유는 자기 기업에 손해가 되기 때문입니다.

사랑하는 여러분, 저는 이 기업 무를 자의 모습에서 오늘날 우리의 모습을 봅니다. 또한 이 땅에 있는 교회가 능력을 잃어버린 이유가 무엇인지도 보게 됩니다. 이유는 우리가 너무 똑똑해져 버린 것입니다. 무엇이 나에게 이익이 되는지 너무 잘 판단할 수 있게 되었고, 자기에게 이익이 되는 것이라면 물불을 가리지 않고 챙기고 보는 것입니다. 반대로 내가 조금이라도 손해를 보는 관계나 상황이 있다면 언제든 가차없이 관계를 끊어버리는 것입니다. 우리는 자기를 보호하고 유지하는 데 너무 똑똑해졌습니다. 철저한 이기주의가 모든 선택의 중심이 되는 이 똑똑함이 우리와 이 땅의 교회를 완전히 집어삼킨 게 아닌지요.

우리를 '교회'라고 하는 것은 단순히 한 모임의 회원이라는 것을 넘어, 그리스도의 피로 우리가 한 혈통, 즉 가족이 되었다는 것을 의미합니다. 만약 우리가 가족이라는 것을 인지한다면, 우리는 절대로 옆에 있는 성도를 남으로 여기지 못할 것입니다. 그런데 우리는 옆에 있는 성도를 어떤 시선으로 바라보고 있습니까? 조금 익숙하거나 친한 사람이라고 생각하고 있지는 않은지요. 만약 우리가 옆에 있는 성도를 그리스도의 피로 형제 된 가족이라고 생각하면 어떤 일이 벌어질까요? 서로의 연약함이나 부족함을 보고 그냥 가만히 있을 수 없습니다. 그래서 교회는 교회 안에 있는 약하고 소외된 사람들에게 관심과 구체적인 섬김을 행했던 것입니다. 교회가 또 다른 교회인 다른 성도를 끊임없이 사랑으로 섬기는 것은 전혀 특별한 것이 아닙니다. 그런데 어느 때부터인가 우리는 점점 더 계산하게 되었습니다. 점점 더 자기 이익에 밝아진 것입니다. 그래서 주변의 약한 자들과 함께하고 싶은 마음이 없어졌습니다. 그들의 아픔과 상함을 알면, 그것들을 돌보기 위해 내가 가진 것을 나눠야 하는 것을 알기 때문입니다. 알면 알수록 나와 내 소유에 손해인 것입니다. 교회 안에 내게 유익한 프로그램이 개설되면 정말 기쁩니다. 그러나 내가 섬겨야 할 일이 생기거나 그 섬김이 나와 내 가정에 손해라는 생각이 들면 어떻게든 거리를 둡니다. 모든 기준이 '바로 나'가 된 것입니다.

신을 벗은 자, 사랑할 수 있는 권리를 포기한 자를 향한 하나님의 평가는 무엇일까요? 그는 똑똑한 사람이고, 자신과 자기 소유에 손해가 생길 수 있는 것을 피했습니다. 성경은 그를 이렇게 부르고 있습니다. 4장 1절입니다.

> 보아스가 그에게 이르되 아무개여 이리로 와서 앉으라

그의 이름은 '아무개'일까요? 아닙니다. 보아스가 그 사람의 이름을 몰랐을까요? 역시 아닙니다. 작은 마을에 친척이기까지 한 둘이 서로의 이름을 모를 리가 없습니다. 그런데 성경은 **기업 무를 권리**를 포기한 이 사람의 이름을 '아무개여'(펠로이 알모니=어떤 한 사람)로 기록하고 있습니다. 정답은 없습니다. 그러나 저는 성경의 기자이신 성령께서는 자신의 친족을 살릴 기회를 포기해 버린 이 사람의 이름은 굳이 적을 필요가 없다고 여기시지 않았을까 생각해 봅니다. "아무개여!" 그런 사람의 이름을 기억할 필요가 없습니다. 하

나님께서도 기억하지 않겠다고 하십니다. 하나님께서는 이 기업 무를 자에 대한 심판을 단호하게 말씀하십니다. "너는 너와 네 기업을 위하여 부여된 가장 중요한 기업 무를 자의 의미를 포기했다. 나는 네가 그 약한 자들을 포기한 것처럼, 너를 포기하겠다"라고 말씀하시는 것과 같습니다. 세상에서는 그를 똑똑하다 하겠지만 우리 하나님은 그를 멍청하다고 하신 것입니다.

사랑하는 성도 여러분, 우리는 어떻습니까? 하나님께서는 우리의 이름을 기억하고 계실까요? 그분은 우리를 뭐라고 부르실까요? '아무개여'일까요? 아니면 내 이름을 불러 주실까요? 주 안에서 사랑을 담아 말씀드립니다. 세상에서는 똑똑하다고 하더라도 하나님 나라에서 이름을 잃어버리는 자들이 많아지는 이 시대에 하나님께서 이름으로 불러 주는 인생들이 되기를 바랍니다. 사랑과 섬김에 있어 세상에서는 '바보'라는 말을 들을지라도 절대 하나님 앞에서 무명인이 되지 않기를 축원합니다.

나는 바보입니다, "나는 기업을 무르겠노라"

위기가 지나갔습니다. 기업 무를 자가 **기업 무르기**를 포기하고 '신 벗은 자'가 되었습니다. 이제, 기업 무를 자는 보아스입니다. 보아스가 외칩니다.

> 보아스가 장로들과 모든 백성에게 이르되 내가 엘리멜렉과 기룐과 말론에게 있던 모든 것을 나오미의 손에서 산 일에 너희가 오늘 증인이 되었고 또 말론의 아내 모압 여인 룻을 사서 나의 아내로 맞이하고 그 죽은 자의 기업을 그의 이름으로 세워 그의 이름이 그의 형제 중과 그곳 성문에서 끊어지지 아니하게 함에 너희가 오늘 증인이 되었느니라 하니(4:9-10)

보아스는 장로들과 그곳에 모인 백성을 향해 이 일에 관하여 증인이 될 것을 요청합니다. 그리고 그는 두 가지를 말합니다. 하나는 엘리멜렉의 기업을 자신이 사겠다는 것이고, 다른 하나는 룻과 결혼하여 룻을 통해 자녀를 낳아 엘리멜렉의 가문을 이어 주겠다는 것입니다.

보아스는 바보입니다. 보아스의 이 선택은 앞의 '신 벗은 자'의 표현대로 하면, 자기와 자기 기업에 아무런 도움이 되지 않을 뿐 아니라 손해를 끼치는 일입니다. 이것은 허비입니다. 엘리멜렉 땅의 소유권을 갖게 되는 것은 좋은 일이지만, 그렇게 산 땅을 결국에는 엘리멜렉 가문에게 주어야 합니다. 그런데 보아스는 바로 그 손해를 선택했습니다. 그것도 자원해서 말입니다. 그런 면에서 보아스는 바보입니다.

사랑하는 여러분, 여러분은 주님의 몸인 교회가 어떻게 세워지고 또 어떻게 부흥하는지 생각해 본 적이 있으십니까? 어떻게 하면 교회가 부흥할까요? 세상적으로 똑똑하고 유능한 사람이 많아지거나 세상에서 잘 나가는 사람들(유력한 정치가나 재벌들)이 많아지면, 교회가 부흥하는 것일까요? 우리는 경험을 통해 그렇지 않다는 것을 알고 있습니다. 교회는 그렇게 부흥하지 않습니다. 주님의 몸인 교회는 이런 **보아스들**이 많아야 부흥합니다.

제가 교회에 담임 목사로 부임하면서 교회에 한 가지 요청을 했습니다. 교회 홈페이지를 새롭게 만들어 달라는 것이었습니다. 교회 홈페이지가 구식이라서 스마트폰에서 설교 영상을 볼 수도, 교회의 공지 등을 확인할 수도 없기 때문이었습니다. 제가 섬겼던 청년들이 "부임하시더라도 그곳에서 하는 설교를 들을 수 있도록 해 달라"는 요청이 있었기 때문에 꼭 홈페이지를 새롭게 바꾸고 싶었습니다. 그래서 업체에 새 홈페이지 제작 견적을 뽑아 봤습니다. 3개월이라는 시간과 5백만 원이라는 견적이 나왔습니다. 너무 큰 금액이어서 결국 저는 포기했습니다. 교회가 안정되면 그때 준비해서 진행해야겠다고 생각을 바꿀 수밖에 없었습니다. 떠나온 제자들에게 약속을 지키지 못해서 미안하지만 교회에 큰 부담을 주는 것이라 강하게 요청할 수 없었습니다.

그런데 제가 교회에 부임해서 첫 수요 예배 설교를 한 후, 교제 시간에 한 집사님이 저를 찾아오셨습니다. 그러면서 하시는 말씀이 "제가 홈페이지를 만들 수 있는데요"라고 하시는 것입니다. 디자인해 줄 사람과 사진을 찍어 줄 사람만 있다면, 이번에 교회 홈페이지를 제작해 보겠다고 하시는 겁니다. 제가 교회에 부임하면서 했던 딱 한 가지 요청이었는데, 하나님께서는 그렇게 응답해 주셨습니다. 그리고 40일이 지났습니다. 그 기간 동안 홈페이지 제작하는 분과 또 세 명의 도우미가 함께 교회 홈페이지를 새롭게 만들었습니다. 홈페이지가 완성된 후, 제작 팀과 식사 교제 시간을 가졌습니다. 식사하다 눈물이 났습니다. 처음 홈페이지를 만들겠다고 하셨던 집사님이 지난 40여 일 동안 거의 매일 늦은 시간까지 홈페이지를 만들기 위해 애쓰셨던 이야기를 하셨기 때문입니다. 수면 시간도 줄여야 했고, 자녀와 놀아 주지도 못했고, 모르는 부분들은 따로 배우고 그렇게 힘들게 지내셨던 40여 일의 이야기를 하셨습니다. 그분은 어떻게 하면 성도들이 가장 편하게 주일의 은혜를 나눌 수 있을지를 고민하며, 거의 모든 홈페이지 관련 기술을 배워 가면서 이 모든 작업을 하셨습니다.

교회 2부 예배 때 음향 부분을 도와주는 유치원 선생님인 자매는 4년 전에 제가 가르쳤던 학생이었습니다. 제가 서울에 있는 교회에 부임했다는 말을 듣고, 뭐라도 돕고 싶다며 어렵게 먼 이 교회까지 와서 음향을 섬겨 주고 있습니다. 그런데 설교를 준비하다 문득 차도 없는 이 청년이 자신이 사는 집에서 교회까지 얼마나 걸려 오는지 궁금해져서 인터넷 포털 사이트 지도 검색창에서 그 청년의 집 주소를 찍어 봤습니다. 지하철로만 90분이었습니다. 걷는 시간, 마을버스 타는 시간을 제외하고 순수하게 지하철로만 90분 걸리는 먼 길을 이 청년은 매주 교회 예배에서 음향을 섬기기 위해 오고 있는 것입니다.

우리 교회 1부 예배에서 반주자로 섬기는 자매는, 작년까지 제가 부교역자로 섬겼던 대형 교회에서 11시 대예배 메인 반주자였습니다. 한국에서 유명한 교회 성가대, 성가대원 거의 대부분 전공자인 성가대의 반주자였던 이 자매는 그 교회의 반주자라는 것 때문에 여러 가지 혜택을 누렸습니다. 그런데 제가 지나가는 말로 "내가 부임하게 되는 교회에 지금 피아노 반주자가 없는데 어떻게 할까"라는 말을 던진 적이 있습니다. 정말 지나가면서 한 말입니다. 특별한 의도를 갖고 한 말은 아니었습니다. 그런데 이 청년이 그 말을 듣고 기도하기 시작한 것입니다. 그런 후 10여 년간 다녔던 교회, 3년 동안 섬겼던 성가대 메인 반주자이면서 피아노 전공자에게는 가장 화려한 자리를 내려놓고, 한 번도 와 본 적 없으며 어찌 보면 섬기던 교회에 비해 무명에 가까운 교회의 성가대 반주자로 오겠다는 것입니다. 처음에는 제가 말렸습니다. 왜냐하면 전공자 입장에서 좋은 자리를 포기하고, 섬기던 교회와 비교도 안 될 만큼 작은 교회의 반주를 하고 싶다는 게 이해가 안 됐기 때문입니다. 그런데 이 청년이 저를 부끄럽게 했습니다. "하나님께 기도하는데, 제게 마음을 주셨어요. 목사님은 그 교회에 제가 필요한지만 생각하세요!"

성도 여러분, 이분들은 다 바보입니다. 바보스러운 게 아니라 실제로 바보입니다. 이들이 이런 선택을 했을 때, 주변 사람들(교회에 어느 정도 열심을 내는 분들)도 "너 미쳤니?"라는 말을 했다고 합니다. 이들이 그런 선택을 하는 것을 보면서, 이들을 아끼는 사람들이 한마디 하지 않을 수 없었겠죠. 왜냐하면 제가 생각했던 것처럼, 이런 선택이 그 개인에게 너무 많은 불이익과 손해를 끼칠 게 불 보듯 뻔했기 때문입니다. 우리의 예배를 보십시오. 성가대를 섬기는 사람들은 왜 아침부터 나와 찬양을 준비했을까요? 안내부와 주차를 섬기는 분들은요? 식당 팀에서 열심히 점심을 준비하고 있는 분들은요? 저 아이들과 오전 내내 뛰었던 교사들은요? 도대체 이들은 무엇 때문에 이토록 열심히 한 주 한 주를 성실함으로 섬길까요?

제가 처음 전도사로 사역을 할 때, 저와 동역했던 청년부 회장이 제게 한 말이 있습니다. 간만에 청년부가 뭔가 새로운 일을 해 보겠다고 초청 주일 행사도 하고 여름 수련회도 했습니다. 그랬더니 그 청년부 회장이 마음도 몸도 힘들었나 봅니다. 그러면서 저에게 말했습니다. "전도사님은 돈 받고 일하고, 나는 돈 내고 일하는데, 이제 일 좀 그만 시켜요!" 그때는 너무 억울했습니다. 사례비 45만 원을 받고 한 주에 설교를 열 편 가까이 하며, 이 터무니없는 청년부 아이들을 먹이고, 가르치고, 심지어 재수생 공부까지 시키는 제게 "넌 돈 받고 일하니 당연하지!"라고 말하는 이 청년부 회장의 말은 비수처럼 가슴에 와 박혔습니다. 그런데 지금은 그 청년부 회장의 말이 이해가 됩니다. 저는 돈이라도 받으니까 열심히 하는 겁니다. 그런데 여러분은 돈을 내고 교회를 다니는데 그토록 열심을 내시는 이유는 뭡니까? 여러분도 혹시 '바보' 아니신가요?

저는 이제껏 교회를 섬기며 수많은 아름다운 바보들을 만났습니다. 선교 단체 활동을 하며 과격한 바보들도 많이 만났습니다. 선교지에 나가서 무모한 바보들을 만났습니다. 세상에서 더 잘 나갈 수 있는 분들이었는데, 어찌어찌하다 주님을 만났고 그분과 사랑에 빠져 버렸습니다. 그러더니 세상이 보기에 이해할 수 없는 선택을 하고, 또 세상은 절대 이해할 수 없는 길을 지금도 걷고 있습니다. 그런데 신기하게도 그 이상한 길을 가는 사람들, 세상이 이해할 수 없는 길을 가는 사람들이 제 마음에 감동을 주었습니다. 그리고 무모해 보이는 바보들 때문에 사람들이 바뀌는 것을 보았습니다. 이 바보들과 만난 사람들이 섬김을 받는 중에 또 바보가 되더라구요. 이상하게도 그 바보들만이 생명을 낳더군요.

가끔 생각합니다. '내가 그 바보들을 만나지 않았더라면 어떤 사람이 되었을까'라고 말입니다. 저는 절대 그리스도인이 될 수 없었을 것입니다. 제게 복음을 전해 준 선교 단체 선배도 바보였습니다. 제가 약하고 혼란스러웠을 때, 제 옆에서 저를 도와주던 교회 형, 누나도 바보들이었습니다. 수많은 제 질문들을 다 받아 주셨던 목사님도 역시나 지금 생각해 보면 바보였습니다. 제 주변에 있던 바보는 여기서 끝이 아닙니다. 전도사 시절 제 무지와 독선을 참고 기다려 준 학생들과 교사들도 바보였고, 제 설교를 인내하며 들어주시고 은혜받았다고 격려해 주셨던 분들도 바보였습니다. 그렇게 남의 말 안 듣고, 다른 사람 마음 아프게 하는 말을 많이 했던 제가 지금 그나마 여러분 보시기에 목사답게 보인다면, 그건 다 그 많은 바보들의 오랜 사랑과 눈물과 수고와 희생의 결과입니다.

우리는 어떻게 바보가 되는가

보아스가 해야 하는 것은 나오미의 기업을 물러 주는 것입니다. 이것은 보아스나 그의 기업에 하등 도움이 되지 않는 일입니다. 이것은 보아스에게 큰 경제적인 손실을 의미합니다. 그런데 보아스는 즐거이 나오미의 기업을, 자신의 기업으로 값 주고 사서 물려 주었습니다. 우리는 이와 비슷한 이야기를 알고 있습니다. 우리 구원과 관련된 이야기입니다.

> 우리가 아직 연약할 때에 기약대로 그리스도께서 경건하지 않은 자를 위하여 죽으셨도다 의인을 위하여 죽는 자가 쉽지 않고 선인을 위하여 용감히 죽는 자가 혹 있거니와 우리가 아직 죄인 되었을 때에 그리스도께서 우리를 위하여 죽으심으로 하나님께서 우리에 대한 자기의 사랑을 확증하셨느니라(롬 5:6-8)

우리는 연약했습니다. 우리는 경건하지 않았습니다. 우리는 아직 죄인이었습니다. 그런데 그런 우리를 위해 주님께서 이 땅에 오셔서 우리를 위하여 죽으셨습니다. 도무지 이해할 수 없는 일입니다. 의인을 위해 대신 죽는 자가 간혹 있고, 선인을 위해 용감하게 대신 죽겠다고 하는 자들도 간간이 있지만 죄인을 위해 대신 죽어 주는 경우는 없습니다. 그런데 우리가 여전히 죄인이었던 그때에 우리를 위하여 주님께서 죽임을 당하셨습니다. 우리는 살아서 끊임없이 죄에게 종 노릇을 해야 하고, 죄의 삯인 사망에 대한 두려움 속에서 살다 죽어, 영원한 사망인 지옥에 갈 수밖에 없는 본질상 진노의 자식들이었습니다.

 우리에게는 우리를 구원할 수 있는 의지도, 자격도, 능력도 없었습니다. 왜냐하면 우리는 '허물과 죄로 죽었던 자'로, 죽은 자는 어떤 의지도 능력도 자격도 가질 수 없기 때문입니다. 또한 하나님께서 우리를 사망의 상태에서 건져 내셔야 할 의무도 없습니다. 우리가 자원해서 죄의 길, 죽음의 길에 뛰어들었기 때문입니다. 그런데 그런 우리를 살리기 위해 주님께서 이 땅으로 인간의 몸을 입고 오셨습니다. 그분이 우리에게 와서 그분 자신의 생명으로, 사망에게 붙들려 있던 우리를 사신 것입니다. 우리는 그분에게 물어봅니다. 주님 왜 그러셨냐고, 왜 그런 바보 같은 선택을 하셨냐고 말입니다. 왜 존귀하신 하나님이 아들인 당신을 이런 무가치한 우리 인생을 위해 허비를 하느냐고 말입니다. 우리 주님 빙그레 웃으며 대답하십니다. "너를 사랑해서 란다. 사랑에는 이유가 없단다!"

사랑하는 성도 여러분, 이 예수 그리스도를 만나신 적 있으십니까? 이 예수의 슬픈 미소를 경험한 적 있으십니까? 그렇다면 우리는 이제 우리 앞에 있는 전혀 다른 선택이 가능합니다. 맞습니다. 우리가 이기적인 것은 우리의 본성입니다. 나에게 가장 소중한 것은 나입니다. 그래서 나와 내 기업에 손해가 되는 사랑이나 헌신은 당연히 하기 싫은 것입니다. 우리는 다 '아무개'이고 싶어하고 또 '아무개'일 수밖에 없는 사람들입니다. 그런데 그런 우리에게 예수께서 먼저 찾아오셨고, 우리의 동의를 구하지도 않으신 채 엄청난 바보 같은 사랑을 부으셨습니다. 그 사랑이, 그 피가, 그 희생이 우리를 바꾸기 때문입니다.

주님의 사랑은 말로만 한 사랑이 아니었습니다. 소유의 일부를 나눠 주는 것도 아니었습니다. 그분의 전부를 주신 것입니다. 그분의 몸에 모든 물과 피가 해골 언덕, 골고다에 다 쏟아졌습니다. 영적으로 죽어 있던 마른 뼈이며 해골인 우리를 살리기 위해 주님께서 당신의 모든 것을 아낌없이 부으신 것입니다. 그 사랑이 부어지고, 그 은혜를 경험하고, 그 사랑을 받은 사람은 당연히 이전과 다른 사람이 될 수밖에 없습니다. 내 이기적인 본성을 넘어, 중심에서 진짜가 올라오는 것입니다. 바보 같은 사랑을 받아, 바보 같은 사랑을 하는, 그 바보를 닮은 작은 바보들이 나오는 것입니다.

과연 이것이 낭비인가

짐 엘리엇과 그의 친구들의 남은 이야기입니다.

다섯 사람의 선교사가 피살된 지 36년이 지난 1992년 6월 11일, 와오라니 우림 지역에 외딴 마을 티네노에서는 감격적인 신약 성경 봉헌 예배가 엄숙하게 드려졌습니다. 75명의 와오라니 인디언 기독교인과 수 명의 성경 번역 선교사, 봉헌 예배에 참석하기 위해 온 손님들이 함께한 예배에서는 와오라니어로 번역된 신약 성경을 아우카족 기독교 지도자가 잔잔히 읽어 내려갔습니다. 그리고 그 낭독을 마친 후에 이 아우카족 기독교 지도자 세 명이 나와 고백을 했습니다. 자신들이 36년 전에 그 다섯 명의 선교사 살해에 가담했던 사람이라고 말입니다. 그 다섯 명의 선교사를 살해했던 날, 그들은 살아 계신 하나님의 얼굴을 선교사들을 통해 보게 되었던 것입니다.

아우카 부족은 짐 엘리엇 선교사와 동료들이 전한 그리스도를 영접했습니다. 그 후 그들은 남은 삶 전체로 복음 증거하는 일을 하고 있고, 그 지역에 교회가 세워지는 일과 그들의 언어로 성경이 번역되는 일에 지대한 영향력을 미쳤습니다. 이제 다시 묻겠습니다. 과연, 짐 엘리엇과 그의 친구들의 죽음은 헛된 것일까요? 짐 엘리엇의 일기 한 모퉁이에 이런 글이 적혀 있었습니다. "결코 놓치지 말아야 하는 것을 얻기 위해 언젠가는 놓아야 할 것을 포기하는 사람은 현명한 사람이다."

많은 분들이 조국 교회의 비참한 현실에 대해 말합니다. 이런저런 방식으로 진단하고 그 진단에 대한 해결책을 내놓습니다. 그러나 저는 조국 교회를 위한 어떤 처방도, 우리 안에 있는 똑똑함과 자기애의 문제를 해결하기 전까지는 효력이 없을 거라고 확신합니다. 이 똑똑함과 자기애를 뛰어넘는 바보가 되지 않으면 어떤 처방도 무의미합니다.

교회는 다시 살아날 수 있을까요? 교회가 다시 이전의 영광을 회복할 수 있을까요? 똑똑한 선교학 박사님들이 만들어 내는 전도 프로그램으로 가능할까요? 탁월한 경영학 전공자의 전략으로 가능할까요? 조직 이론을 연구한 학자의 새로운 개념의 소그룹으로 가능할까요? 저는 그런 훌륭한 프로그램들이 사람을 모으고 관리하는 데 유익하다는 것은 인정합니다. 그러나 제가 확신하건대, 교회는 결코 그런 똑똑한 사람들에 의해 세워지고 유지되어 부흥하지 않습니다. 교회는 항상 바보이셨던 주님을 닮은 바보 같은 자들을 통해 세워지고 유지되고 부흥했기 때문입니다.

사랑하는 성도 여러분, 우리는 끊임없이 선택을 강요받으며 이 땅을 살고 있습니다. 이 선택은 세상에서 똑똑하고 지혜롭고 유명하다고 평가받지만 하나님께는 '아무개여'로밖에 불릴 수 없는 무명의 사람으로 살든지, 세상에서는 '바보'라 놀림 당하나 하나님께는 '작은 예수'로 불리는 유명의 사람이 되든지의 선택입니다. 그리고 저는 부디 이 시간 하나님의 초청 앞에 우리가 반응할 수 있기를 원합니다. 우리 하나님 편에 서십시오. 주님이 가신 길에 서십시오. 그분이 걸어가신 좁은 문 앞으로 나아가십시오. 우리를 향해 환하게 바보처럼 웃으시는 주님의 손을 잡고, 주님 닮아 바보 같은 웃음으로 세상을 대하는 사랑하는 주 백성 되시기를 축원합니다.

룻기 4장 11-22절

성문에 있는 모든 백성과 장로들이 이르되 우리가 증인이 되나니 여호와께서 네 집에 들어가는 여인으로 이스라엘의 집을 세운 라헬과 레아 두 사람과 같게 하시고 네가 에브랏에서 유력하고 베들레헴에서 유명하게 하시기를 원하며 여호와께서 이 젊은 여자로 말미암아 네게 상속자를 주사 네 집이 다말이 유다에게 낳아준 베레스의 집과 같게 하시기를 원하노라 하니라 이에 보아스가 룻을 맞이하여 아내로 삼고 그에게 들어 갔더니 여호와께서 그에게 임신하게 하시므로 그가 아들을 낳은지라 여인들이 나오미에게 이르되 찬송할지로다 여호와께서 오늘 네게 기업 무를 자가 없게 하지 아니하셨도다 이 아이의 이름이 이스라엘 중에 유명하게 되기를 원하노라 이는 네 생명의 회복자이며 네 노년의 봉양자라 곧 너를 사랑하며 일곱 아들보다 귀한 네 며느리가 낳은 자로다 하니라 나오미가 아기를 받아 품에 품고 그의 양육자가 되니 그의 이웃 여인들이 그에게 이름을 지어 주되 나오미에게 아들이 태어났다 하여 그의 이름을 오벳이라 하였는데 그는 다윗의 아버지인 이새의 아버지였더라 베레스의 계보는 이러하니라 베레스는 헤스론을 낳고 헤스론은 람을 낳았고 람은 암미나답을 낳았고 암미나답은 나손을 낳았고 나손은 살몬을 낳았고 살몬은 보아스를 낳았고 보아스는 오벳을 낳았고 오벳은 이새를 낳고 이새는 다윗을 낳았더라

9
하나님은 실수하지 않으심이라

마지막 장에 와서야

룻기 1장을 설교할 때, 사실 〈룻기〉를 연속으로 강해할 생각은 하지 않았습니다. 또 이 〈룻기〉 전체를 다 설교할 생각은 더더욱 없었습니다. 그저 룻기 1장을 통해 '하나님의 임재, 예수 그리스도의 충만이 사라져 버린 교회에서 사라진 주님의 임재를 구하자'라는 마음뿐이었습니다. 오랫동안 겪은 고통을 통해 현재 없어진 것이 무엇인지, 그리고 반드시 있어야 하는 것이 무엇인지에 대해 진단하는 말씀으로 제가 부임한 교회에서 룻기 1장을 설교했던 것입니다.

〈룻기〉에 대한 첫 설교를 마쳤을 때, 저는 말씀 듣는 성도들 안에 있는 간절한 열망을 보았습니다. 정말 주님이 오시기를, 하나님 임재로 우리를 충만하게 하시기를, 그리스도로 가득한 교회를 다시 경험하기를 간절히 소망하시는 마음이 전해졌습니다. 그후에 〈룻기〉가 저에게 계속 말을 걸었습니다. 그리고 이 〈룻기〉 전체의 말씀, '텅 빈 나오미의 인생을 채워 주시는 하나님의 은혜'가 어쩌면 다시 시작하는 교회에 가장 필요한 말씀이 아니겠는가 하는 마음이 들었습니다. 깨어진 것도 많고 상한 것이 많은 우리 성도들에게 진정한 위로이신 구약 속에 계신 예수 그리스도를 소개하고 싶은 마음도 생겼습니다. 그리고 이렇게 〈룻기〉라는 책의 마지막 장까지 왔습니다. 오늘도 동일하게 이 말씀이 우리에게 위로가 되고, 이 시대 교회에게 참된 소망이 되기를 기대하는 마음으로 마지막 이야기를 시작하겠습니다.

4장에 있었던 위기, 기업 무를 자와 관련된 위기는 그가 권한을 포기함으로 해결되었습니다. 자신의 이익을 생각했을 때, 기업을 무르는 것이 손해라고 판단한 그는 사람들에게 '신을 벗은 자'(책임을 회피한 자)라는 창피를 당하면서까지 이 기업을 보아스에게 넘겼습니다. 그만큼 자기에게 손해가 컸기 때문입니다. 사람들은 그를 지혜롭다 할 수 있지만 하나님의 평가는 냉정했습니다. 하나님은 그의 이름을 잊어버리기로 했습니다. 반면 보아스는 기쁘게 기업을 무르기로 합니다. 분명 보아스에게 이 **기업 무르기**는 큰 손해입니다. 거기다 보아스는 그 기업을 물러야 하는 직접적인 책임 또한 없습니다. 그렇기 때문에 아무도 보아스를 비난하지 않습니다. 순수하게 보아스가 자원한 것이었고, 열심이었고, 수고였습니다. 이 바보 같은 선택을 하는 보아스를 찬찬히 보고 있으면, 이와 비슷하게 우리를 구속하시려 자신을 주신 주 예수 그리스도가 보입니다. 그리고 그분을 따르는 많은 무리, 우리 삶 가운데 있었던 반가운 아름다운 바보들의 얼굴도 보입니다. 그렇게 위기는 지나갔고, 보아스와 룻은 결혼에 골인합니다.

하나님께서 주신 '상속자'

보아스가 장로들과 증인들에게 자신이 온전하게 엘리멜렉의 기업을 무르겠다고 선언한 이후, 그 선언을 들은 장로들과 백성들의 즐거워하는 반응이 4장 11-12절 내용입니다.

> 성문에 있는 모든 백성과 장로들이 이르되 우리가 증인이 되나니 여호와께서 네 집에 들어가는 여인으로 이스라엘의 집을 세운 라헬과 레아 두 사람과 같게 하시고 네가 에브랏에서 유력하고 베들레헴에서 유명하게 하시기를 원하며 여호와께서 이 젊은 여자로 말미암아 네게 상속자를 주사 네 집이 다말이 유다에게 낳아 준 베레스의 집과 같게 하시기를 원하노라 하니라

장로들은 보아스의 선언을 즐거워하며, 자신들이 증인이 되어 줄 것을 약속합니다. 그리고 연이어 세 가지 축복을 하고 있습니다. 첫째, 보아스가 결혼하게 될 이방 여인 룻이 이스라엘 민족의 어머니가 된 라헬과 레아와 같은 존귀한 어머니가 되기를 원한다. 둘째, 보아스가 에브랏과 베들레헴에서 더 유력하고 유명한 자가 되기를 원한다. 셋째, 보아스와 룻 사이에 상속자가 태어나서 유다의 끊어졌던 가문이 다말이 낳은 베레스를 통해 다시 이어질 수 있었던 것처럼 엘리멜렉의 가문이 이어지기를 원한다. 이와 같은 축복은 엘리멜렉 집안에 대한 **기업 무르는 것**에 충실했던 룻과 보아스, 그리고 그 결과로 회복될 엘리멜렉 가문에 대한 것이었습니다.

분위기가 좋습니다. 많은 것이 회복될 것 같습니다. 4장의 마지막 부분은 1장에 있었던 그 음울한 분위기, 흉년, 이주, 죽음과 죽음, 헤어짐, 고독과 소외라는 그림 하나하나를 날려 버리고 있습니다. 여전히 왜 그런 일들이 일어났는지에 대해서 밝히지는 않습니다. 그러나 그런 절망스럽던 문제들, 도무지 답이 없을 것 같던 상황들이 봄 햇살에 눈이 녹듯 그렇게 사라져 버렸

습니다. 희망을 말하면 고문이라고 할 만큼 어두웠던 절망의 날이 지나고, 모든 것이 회복되는 복의 날이 임한 것입니다. 4장 13절은 그러한 밝아지는 그림의 정점입니다.

이에 보아스가 룻을 맞이하여 아내로 삼고 그에게 들어갔더니 여호와께서 그에게 임신하게 하시므로 그가 아들을 낳은지라

보아스와 룻이 결혼했습니다. 그리고 그 둘 사이에서 아들이 태어났습니다. "여호와께서 그에게 임신하게 하시므로." 그렇습니다. 하나님께서 적극적으로 이 두 사람 사이에 거하셨습니다. 그리고 그토록 원하고 바라던 **상속자**를 주셨습니다. 보아스는 늙은 사람이었습니다. 룻은 이미 결혼해서 남편과 함께 살았으나 아이를 낳을 수 없었습니다. 어쩌면 둘 다 아기를 낳을 수 없는 상태일 수 있었습니다. 그러나 하나님께서 그 사이를 뚫고 들어오셔서 그들에게 **상속자**를 주셨습니다.

계속되는 죽음으로 시작했던 룻기가 한 생명이 태어나는 것으로 반전되고 있습니다. 남편과 자녀의 사망 앞에 아무것도 할 수 없었던 여인, 남편의 죽음과 아이를 낳지 못한 여인들의 통곡으로 시작된 이야기가 여기서 남편을 얻고 아기가 태어나는 이야기로 바뀌고 있습니다. 과연 이 슬픔과 기쁨, 죽음과 생명 사이에 어떤 일이 있었을까요? 거기에는 빵집인 베들레헴에 돌아와 만난 생명의 빵인 **보아스**, 예수 그리스도와 만나는 일이 있었습니다. 우리가 텅 빈 것을 의식하고, 우리의 생명의 떡에 대한 허기짐을 가지고 그 떡을 구하며 엎드린 그곳에 생명의 떡이신 우리 주님이 오셨습니다. 모든 회복이 거기서부터 시작됩니다. 룻은 보아스를 만났습니다. 아니, 룻을 찾아

온 보아스를 만났습니다. 그리고 모든 게 달라져 버렸습니다.

특별한 공동체, 상속자의 이름을 지어 줌

13절에서 룻은 아들을 낳았습니다. 우리가 기대하는 것은 할머니 나오미의 반응이나 엄마 룻 아니면 보아스의 반응일 것입니다. 그런데 이어지는 14절 이후에는 그러한 가족들의 반응이 전혀 나와 있지 않고 베들레헴 여인들의 합창이 나오고 있습니다.

> 여인들이 나오미에게 이르되 찬송할지로다 여호와께서 오늘 네게 기업 무를 자가 없게 하지 아니하셨도다 이 아이의 이름이 이스라엘 중에 유명하게 되기를 원하노라 이는 네 생명의 회복자이며 네 노년의 봉양자라 곧 너를 사랑하며 일곱 아들보다 귀한 네 며느리가 낳은 자로다 하니라 나오미가 아기를 받아 품에 품고 그의 양육자가 되니 그의 이웃 여인들이 그에게 이름을 지어 주되 나오미에게 아들이 태어났다 하여 그의 이름을 오벳이라 하였는데 그는 다윗의 아버지인 이새의 아버지였더라 (4:14-17)

16절에도 나오미가 그 태어난 아기를 받아 품에 품고 그의 양육자가 되었다는 진술이 나온 후, "그의 이웃 여인들이 태어난 아기에게 이름을 지어주었다"(4:17)라는 조금은 황당한 결말로 이어지고 있습니다.

룻이 아들을 낳았습니다. 이건 이 집에 일어난 엄청난 사건입니다. 룻도 나오미도 보아스도 이 아들로 인해 춤을 추며 하나님을 찬양하며 감사의 노래를 불러야 합니다. 그런데 아들이 태어났음에도 가족들의 반응은 전혀 나오지 않고, 갑자기 베들레헴 여인들이 노래로 〈룻기〉 마지막이 채워지고 있습니다. 심지어 이 태어난 아들, **상속자**의 이름을 누가 짓고 있습니까?

> 그의 이웃 여인들이 그에게 이름을 지어 주되 나오미에게 아들이 태어났다 하여 그의 이름을 오벳이라 하였는데(4:17)

이 귀하고 귀한 아들의 이름을, 베들레헴 여인들이 지어 주었습니다. 과연 이 여인들은 누구길래, 이 귀한 룻의 아들 이름을 그들이 짓는 것이지요?

단순하게 감동적인 이야기로 〈룻기〉를 마무리하고 싶었다면, 이 책은 나오미의 노래나 룻의 노래로 끝나면 됩니다. 한 많았던 시어머니 나오미가 손자를 안고 노래를 부르거나 현숙한 여인인 룻이 아이를 젖 먹이며 노래를 부른다면 우리는 행복한 그림으로 〈룻기〉를 마무리할 수 있습니다. 그러나 이 책은 그런 감동적인 결론보다 더 깊은 이야기, 개인의 이야기를 넘어 더 넓고 깊은 이야기를 하고 싶어합니다.

우리가 〈룻기〉를 아홉 번으로 나눠서 살피다가 생긴 문제가 있습니다. 그동안 우리는 〈룻기〉의 세세한 이야기는 살펴볼 수 있었지만 전체의 큰 흐름, 구조를 잘 정리하지 못했습니다. 〈룻기〉는 양괄식 구조를 사용한 글입니다. 쉽게 설명한다면 1장과 4장이 미묘하게 닮았고, 1장에서 제기된 문제가 4장에서 풀어지거나, 1장에 등장했던 인물들이 4장에 등장해서 마무리합니다. 이 틀을 가지고 보면, 우리는 4장에 갑자기 등장한 이 여인들이 누구이며, 무엇을 의미하는 사람들인지 알 수 있습니다.

여러분, 1장을 다시 한 번 살펴봅시다. 1장에서 돌아온 나오미를 반기며 "네가 나오미가 아니냐"(룻 1:19)라고 물었던 이들이 바로 4장에서 룻의 아기에게 이름을 지어 주는 여인들입니다. 우리가 1장에서 이방 땅에서 돌아온 나오미를 향해 "너는 죄인이야"라고 외쳤던 이 여인들의 말이 신약에서 무엇을 가리킨다고 했습니까? 세상의 죄를 책망하는 교회 공동체를 의미한다고 했습니다. 그렇다면, 4장에 등장하는 여인들도 무엇을 의미하는 것일까요? 그렇습니다. 이들도 교회 공동체를 의미합니다. 공동체로 1장을 마무리했던 성령께서 4장도 공동체로 마무리하고 있습니다. 그렇다면, 4장의 교회 공동체가 우리에게 주는 메시지는 무엇일까요?

빵이 돌아온 빵집, 그리스도의 임재로 충만한 교회 공동체 안에 얼마나 아름답고 풍성한 것이 있는지를 다시 정리하여 제시하는 것입니다. 성문 앞에 있던 장로들의 세 가지 축복은 반드시 성취될 것입니다. 왜냐하면 이 축복은 회복된 교회의 축복이기 때문입니다. 이 여인들의 축복은 반드시 성취될 것입니다. 역시나 이 축복도 생명의 떡이 넘치는 교회의 축복이기 때문입니다. 〈룻기〉는 아주 작은 자에게 일어난 기적에 관한 책입니다. 이 책은 텅 빈 나오미의 인생이 어떻게 채워지는지 보여 주는 책입니다. 그러나 이 책을 읽으면서 절대 잊어버려서는 안 되는 것이 있습니다. 이들의 회복이 언제부터 시작되었는지에 대한 부분입니다. 이들의 회복과 채움은 그들이 빵이 돌아온 빵집으로 돌아오기를 선택한 때부터였습니다. 그들이 부끄러움을 무릅쓰고 '하나님의 임재와 영광이 회복된 베들레헴'(그리스도로 충만한 교회 공동체)으로 돌아왔을 때, 이 모든 기적이 일어났습니다.

사랑하는 여러분, 저는 계속해서 교회를 떠나는 사람들에 대한 이야기를 듣습니다. 이런저런 이유로 교회를 떠났고, 지금은 큰 교회에서 주일 예배 정도만 드리며 산다는 사람도 만났고, 교회 다니는 것에서 벗어나니까 주일 봉사에 대한 부담도 없고 하나님께만 집중할 수 있어서 더 신앙이 좋아진 것

같다는 성도도 만났습니다. 지금의 그런 상태, 교회를 떠나서 홀로 신앙 생활을 하는 것이 나름 괜찮은 선택이었다는 사람들을 만났습니다. 요즘 이런 성도를 '가나안 성도'라고 하는데 이런 상태가 그들은 만족스럽다고 합니다. 그런데 저는 아직 교회를 떠나 홀로 신앙 생활하는 것이 나름 행복하다는 성도의 얼굴에서, 제가 알고 있는 감격에 찬 참된 성도의 표정을 본 적이 없습니다. 행복하고 편하다 말은 하는데, 그들의 눈은 그렇지 않았습니다.

종교 개혁자 칼뱅은, "교회를 어머니로 모시지 않은 자는, 하나님을 아버지로 모시지 않은 자다"라고 단언을 했습니다. 초대 교회 교부 키프리안은, "교회 밖에는 구원이 없다"라고 선언했습니다. 공통점은 교회와 구원을 연결시키고 있다는 것입니다. 물론 이런 견해에 동의하지 않는 분들이 있을 줄 압니다. 경험하셨던 교회가 너무 힘들어 차라리 교회에서 나와 개인적으로 신앙 생활을 하는 것이, 예수 그리스도를 닮은 삶을 사는 데 더 유익한 경우도 있을 거라 생각합니다. 그러나 여러분, 보편적인 경우라면 물론 제 편견일 수도 있지만, 그리스도 예수 안에 있는 참된 행복을, 교회 공동체 밖에서 경험하는 것은 심히 어렵습니다. 교회에 문제가 많아서 교회를 떠났고, 충분히 떠날 만한 이유가 있었을 것입니다. 그러나 그렇게 교회 공동체를 떠난 분들의 신앙 생활과 삶은 절대 온전할 수 없습니다. 성도가 하나님의 은혜를 받는 데 있어, 또 하나님께서 주시는 복으로 충만해지는 데 있어 주님의 몸인 교회 공동체는 절대적입니다.

> 교회는 그의 몸이니 만물 안에서 만물을 충만하게 하시는 이의 충만함이니라 (엡 1:23)

사랑하는 성도 여러분, 오늘 나오미와 룻이라는 개인에게 부어진 하나님의 은혜, 텅 빈 인생을 채우시는 하나님의 충만은, '생명의 떡으로 채워진, 생명 공동체인 교회' 안에 있습니다. 저는 우리 중에 "여전히 상한 마음 때문에 다시 교회 속으로 들어오는 것이 힘들다"라고 하시는 분들의 이야기를 들었습니다. 그래서 또 말씀드립니다. 조금 모자라고 또 조금 불편해도, 다시 힘을 내서 교회 공동체 안으로 들어오십시오. 그리고 여기서 함께 생명의 떡을 떼며, 은혜의 포도주를 마시기 원합니다. 주께서 이 교회 속에서 우리의 상함을 치료하시며, 우리의 텅 빈 것을 채우실 것이라고 확신합니다.

텅 빔의 채움, 아기를 품은 나오미

본문의 마지막 이야기는 4장 16절에 나옵니다.

> 나오미가 아기를 받아 품에 품고 그의 양육자가 되니

보아스가 룻을 아내로 맞았고, 룻은 아들을 낳았습니다. 그런데 이 아기를 엄마가 아닌 할머니 나오미가 안고 있습니다. 그리고 아기를 안고 있는 나오미에게 여인들이, "네 손자의 이름을 **섬기는 자**라는 의미로 **오벳**이라고 하면 좋겠다"라고 권면을 합니다. 왜 여인들은 나오미에게 이런 축복을 하는 것일까요? 역시 1장에서 텅 빈 사람이 나오미였기에, 4장에서 가득 찬 사람도 나오미여야 합니다. 〈룻기〉의 주인공이 여전히 나오미임을 밝히는 것입니다.

〈룻기〉는 나오미가 얼마나 비참하게 되었는지와 그 비참한 나오미가 '빵집에 빵이 돌아왔다'는 말을 듣고 베들레헴으로 돌아오는 것에서 시작되었습

니다. 그리고 이 책은 이 나오미의 베들레헴으로 돌아온 선택이 얼마나 복된 선택이었으며, 그 결과가 어떠했는지를 보여 주면서 끝납니다.

> 나오미가 아기를 받아 품에 품고 그의 양육자가 되니(4:16)

이 아름다운 문장은 정확하게 내용상 1장과 대칭을 이룹니다.

> 말론과 기룐 두 사람이 다 죽고 나오미는 두 아들과 남편의 뒤에 남았더라(1:5)

남편이 죽고 말론과 기룐이 죽을 때, 나오미는 죽어 가는 남편과 아들들을 가슴에 묻었습니다. 마지막 호흡을 몰아쉬는 아들들을 그녀는 꼭 끌어안았습니다. 그러나 그들이 점점 차갑게 식어 가는 것을 막을 수 없었습니다. 그녀는 통곡했습니다. 다 죽고 아무도 없는 곳에 홀로 남겨져 어둠 속에서 울었을 것입니다. 그런데 그 모든 것이 바뀌었습니다. 며느리 룻이 시어머니 나오미의 품에 '아기'를 안겨 주었습니다. 차갑게 식어 있던 나오미의 품에 뜨거운 생명을 가진 아기(손자이며 아들)가 안겨진 것입니다. 이전에 차츰 식어 갔던 아기(말론과 기룐)가 아니라, 식어 버린 자신의 심장을 다시 두근거리게 만드는 '작은 생명'(오벳)이 말입니다. 텅 빈 나오미의 마음이 이 손자를 품에 안을 때, 무언가로 가득 채워졌습니다. 스스로 **마라**가 된 늙은 과부, 한 자락의 소망도 붙들 수 없었던 이 여인이 지금 갓난아이를 안고 기뻐하며 미소 짓고 감사의 찬양을 부르고 있습니다. 그의 원래 이름이었던 **나오미**(기쁨)를 회복한 것입니다.

누가복음 7장에 보면, 나인 성 과부의 죽은 아들을 살리시는 예수에 대한 기사가 나와 있습니다.

> 성문에 가까이 이르실 때에 사람들이 한 죽은 자를 메고 나오니 이는 한 어머니의 독자요 그의 어머니는 과부라 그 성의 많은 사람도 그와 함께 나오거늘(눅 7:12)

외아들을 키우는 과부가 있었습니다. 힘들게 살았지만 아들을 청년이 되기까지 키웠습니다. 그런데 이 아들이 죽은 것입니다. 사연이 기구해서 나인 성 사람들이 아들의 장례식에 함께했습니다. 사람들이 수많은 위로의 말을 과부에게 했을 것입니다. 그러나 그들의 말은 과부를 전혀 위로할 수 없습니다. 왜냐하면 과부에게 외아들의 생명은 무엇과도 비교할 수 없는 것이기 때문입니다. 그런데 주님께서 과부의 죽은 아들을 살려 과부의 품에 안겨 주셨습니다.

> 죽었던 자가 일어나 앉고 말도 하거늘 예수께서 그를 어머니에게 주시니(눅 7:15)

여러분, 예수께서 과부의 아들을 살리시는 이유는 하나입니다. 과부에게 주시기 위해서였습니다. 어머니가 위로받을 수 있는 유일한 것이 아들밖에 없음을 아셨기 때문입니다.

사랑하는 여러분, 우리 주님은 고통의 주변만 만지시는 분이 아닙니다. 우리 하나님은 말로만 "너, 참 불쌍하다"라고 하시는 분이 아닙니다. 또한 얼마의 위로금을 전달하고 급히 돌아서 가 버리는 분도 아니십니다. 그분은 고통과 슬픔의 중심을 만지시고, 눈물의 근원을 치료하시는 분이십니다. 아들을 잃어 우는 엄마에게 아들을 살려 안겨 주시는 분이십니다. 텅 빈 나오미가 모든 것을 다 잃고 베들레헴으로 돌아올 때, 그녀는 많은 기대를 가지고 오지 않았습니다. 그저 '고향에서 죽고 싶다'는 것이었습니다. 그런데 그곳에서 나오미는 생명을 다시 품에 안게 되는 회복을 경험한 것입니다. 하나님이 나오미의 가장 큰 **텅 빈 것**이 무엇이며, 무엇으로 그 **텅 빈 것**이 채워질 수 있는지 알고 계셨습니다. 그리고 그 **생명이 텅 빈 자리**를 새로운 **생명으로 충만**하게 채우신 것입니다. 슬픔이 변하여 기쁨의 찬양이 되게 하셨습니다.

성도 여러분, 이렇게 아프고, 저렇게 아프십니까? 이런저런 말 못할 어려움 때문에 잠을 못 주무십니까? 여러 상황들을 생각하며 두려워하고 계십니까? 하나님은 저 멀리 계신 것 같고, 그분이 내 사정을 모르시는 것 같으십니까? 이 시간, 말씀을 의지하여 믿음의 자리로 돌아오십시오. 우리 주 예수 그리스도는 이 모든 상황 속에서도 우리에게 찾아오시는 하나님이신 줄 믿으시기를 바랍니다. 사람들은 우리의 말을 듣고 공감한다 고개를 끄덕이나 실상은 우리가 얼마나 힘든지 알지 못합니다. 사람들은 우리를 위로한다 하나 우리는 그들에게 위로받지 못합니다. 그러나 여러분, 우리의 대제사장은 우리를 완전히 아시고, 또 우리를 이 고통에서 건질 수 있는 능력과 힘이 있으신 분입니다. 그러니 여러분, 그분께 나아갑시다. 생명을 잃어 고통하는 나오미의 가슴을 위대한 생명으로 채워 주시는 하나님께 구하며, 믿음으로 또 은혜의 보좌 앞으로 나아가길 바랍니다. 우리의 텅 빈 것도 주님의 것으로 채워지기를 축원합니다.

왕이 오신다, 족보 속에서

나오미의 텅 빈 것은 룻과 보아스의 **헤세드**로 인해 채워졌습니다. 슬픔과 탄식으로 아무런 소망도 가질 수 없던 이 늙은 과부는 생명을 안고 기뻐하며 소망의 노래를 부르고 있습니다. **마라**가 되었던 나오미는 이제 마라를 통과한 나오미가 되어 **기쁨**을 노래하고 있습니다. 이야기는 끝났고 해피엔딩인 것 같습니다. 그런데 룻기의 끝은 이 아름다운 노래가 아닙니다. 룻기의 마지막은 하나의 족보를 밝히는 것으로 마무리됩니다.

> …… 나오미에게 아들이 태어났다 하여 그의 이름을 오벳이라 하였는데 그는 다윗의 아버지인 이새의 아버지였더라 베레스의 계보는 이러하니라 베레스는 헤스론을 낳고 헤스론은 람을 낳았고 람은 암미나답을 낳았고 암미나답은 나손을 낳았고 나손은 살몬을 낳았고 살몬은 보아스를 낳았고 보아스는 오벳을 낳았고 오벳은 이새를 낳고 이새는 다윗을 낳았더라 (4:17-22)

여러분, 족보를 세세하게 보지 않으셔도 됩니다. 중요한 것은 지금 태어난 이 오벳이 이후에 나올 하나님의 마음에 합한 왕, 다윗의 할아버지라는 것입니다. 더 확대하면, 이 오벳이 예수 그리스도의 육신적인 조상이 된다는 것입니다. 여러분, 지금 〈룻기〉의 시대는 '사사들이 치리하던 때'입니다. 사사들이 치리하던 시기는 혼동과 절망의 시기였습니다. 그 모든 혼란의 이유가 이스라엘에 왕이 없었기 때문이었습니다. 그런데 지금 여기, 작은 동네 베들레헴의 늙은 과부 나오미의 품에 이 시대를 살려 낼 생명의 씨앗이 안겨 있습니다. 〈룻기〉 마지막에 있는 이 족보는, 베들레헴에 있었던 사람들의 소소한 이야기가 이후에 이스라엘 민족의 역사 속에서 얼마나 중요한 이야기였는지를 가르쳐 주는 도구인 것입니다.

사랑하는 여러분, 나오미의 이야기를 생각해 보십시오. 모압으로의 이주, 엘리멜렉과 말론과 기룐의 죽음, 며느리 룻과 돌아온 베들레헴 이야기, 보리 추수 때의 들판과 타작 마당에서의 대화, 룻과 보아스의 결혼. 그 어느 것 하나 대단하고 놀라운 이야기는 아닙니다. 작은 시골 마을에서 일어날 흔한 이야기는 아니지만, 그렇다고 오랫동안 회자될 만한 대단한 이야기도 아닙니다. 그런데 여러분, 이 이야기가 이스라엘의 혼란을 끝낼 **위대한 왕**과 연결되어 있었습니다. 더 길게는 이 작은 이야기가 '세상을 죄로부터 건져 낼 위대한 왕, 예수 그리스도의 이야기'와 연결되어 있습니다.

어릴 적 아버지와 바둑을 두던 기억이 있습니다. 제가 그 바둑판 위에 아홉 돌을 먼저 놓고 시작해도 아버지를 이길 수 없었습니다. 저는 제가 아는 모든 수단을 동원했지만 아버지를 한 번도 이기지 못했습니다. 당시에는 이유를 알 수 없었습니다. 세월이 많이 지나 이제 저는 제 아들과 바둑을 둡니다. 학교에서 바둑을 배운 제 아들은 어려운 바둑 전문 용어(단수, 미생, 축, 패 등)를 말해 가며 저를 이겨 보겠다고 바둑판 앞에서 기를 씁니다. 저 역시 아직까지 아들에게 바둑을 져 본 적이 없습니다. 이유는 제 아홉 살짜리 아들은 항상 '무엇을 먹을까?'와 '무엇이 먹힐까?'만 보고 있기 때문입니다. 자신이 돌멩이를 놓은 곳에서 절대로 눈이 떨어지지 않기 때문입니다. 쉽게 말해, 바둑판 전체를 보는 눈이 없기 때문입니다.

사랑하는 여러분, 그렇다고 우리가 인생이라는 바둑판 전체를 볼 수 있게 되는 날이 올까요? 아닙니다. 우리는 계속해서 좁은 시야를 가지고 살 것입니다. 우리는 죽는 날까지 우리가 놓는 수와 그 옆에 있는 몇 수밖에는 볼 수 없을 것입니다. 우리는 작은 것만 볼 수 있고, 그래서 계속 그 작은 것들 때문에 울고 웃을 것입니다.

사랑하는 여러분, 우리가 이 땅에서 할 수 있는 사랑이나 순종도 그리 대단한 것은 아닐 것입니다. 그저 내 눈 앞에 있는 사람들을 사랑하고, 섬길 것입니다. 우리가 아는 만큼 하면 됩니다. 마음에 감동이 오는 만큼 일하시면 됩니다. 중요한 것은 그런 우리의 작은 열심과 사랑을 하나님께서 사용하여 주시는데 때로는 그것을 우리가 전혀 상상할 수 없을 만큼 위대하게 사용해 주실 때도 있다는 것입니다.

〈룻기〉는 작은 마을에서 일어난 '소소한 사랑과 헌신에 대한 이야기'였습니다. 룻을 향해 어머니 집으로 돌아가서 재가하라 말하는 시어머니 **나오미의 헤세드**가 있었습니다. 어머니와 죽어도 함께하겠다는 며느리 **룻의 헤세드**가 있었습니다. 룻의 헤세드를 본 **보아스가 베푼 헤세드**가 있었습니다. 기업 무를 자에게 당당히 나아가 기업 무를 것을 요구하는 말씀에 대한 **룻의 헌신**이 있었고, 자신의 손해가 큼에도 불구하고 그 모든 손해를 감수하겠다는 **보아스의 헌신**이 있었습니다. 하나같이 조그만 이야기들입니다. 영웅도 없고, 엄청난 전투도 없고, 입이 벌어질 만한 기적도 없습니다. 그저 조그만 사랑과 헌신들입니다. 그런데 여러분, 그 모든 이야기가 실제로 크고, 놀랍고, 위대한 하나님 나라를 세우는 구속사의 기초였습니다.

성도 여러분, 이제 예배의 자리에 나와 우리가 할 수 있는 작은 순종을 행합시다. 오늘도 교사로 아이들을 만나셨고, 또 만나실 것입니다. 찬양대로 섬기시고, 찬양팀으로 섬기십니까? 감사합니다. 이 땅의 많은 교회들에서 울려 퍼지는 수많은 찬양들 가운데 하나인 것 같지만, 우리 하나님께는 오직 하나의 찬양입니다.

여러분, 직장에서 그리스도인이라는 정체성을 가지고 사셨습니까? 사람들에게 부끄럽지만 그래도 나도 그리스도인이라는 것을 이렇게 저렇게 밝히는 삶을 사셨습니까? 잘하셨습니다. 우리 하나님께서 그 조그만 순종들 하나하나를 묶어서 당신의 나라를 건축하시는 까닭입니다.

얼마 전, 저는 몸을 거동하기 어려우신 성도를 찾아가 심방하고 나오면서 그분에게 부탁을 드렸습니다. "하나님께 아무것도 해 드리지 않아도 상관없으니, 그냥 믿음으로 살아만 주세요! 그냥 믿음 하나 흔들리지 않는 것을 목표로 살아만 주세요"라고 부탁드렸습니다. 그분은 "아멘"으로 화답하셨습니다. 그렇습니다. 그분에게는 무언가 하나님을 기쁘시게 할 수 있는 수단이 없습니다. 돈도 힘도 자유도 거의 없으십니다. 그러나 그분은 "아멘"이라 하신 그 고백을 붙잡고 낙심치 아니하며 믿음 붙들고 살아가실 것입니다. 왜냐하면 하나님께서 그 믿음의 고백을 벽돌 삼아 또 당신의 나라를 만들어 가실 것이기 때문입니다.

성도 여러분, 오늘 우리의 삶 가운데 하나님께 의미 없는 것은 하나도 없습니다. 아무도 봐 줄 것 같지 않은 우리의 사랑과 순종과 헌신을 우리 하나님이 다 보고 계십니다. 그리고 어느 날, 우리에게 보이실 것입니다. 우리의 작은 순종과 헌신에서 얼마나 놀라운 열매들이 맺혔는지를 말입니다. 그때 우리, 그 주님 붙들고 나오미가 부르는 찬양으로 동네 여인들과 함께 춤추며 노래할 수 있는 우리 모두가 되기를 축원합니다.

하나님은 실수하지 않으신다네

그동안 우리는 "빵집에 빵이 없음으로"라는 주제로 룻기를 살펴보기 시작했습니다. 이 시대의 비참함과 고통들, 그리고 그 고통의 중심에 있는 기근에서 시작했습니다. 우리는 이 거대한 기근을 해결할 위대한 무엇인가를 꿈꿨을 수 있습니다. 그런데 엄청난 기근, 우리 안에 있는 텅 빈 것은 아주 작고 소소한 하나님과의 일상을 살아 낸 사람들 속에 찾아 오신 **보아스**, 즉 예수 그리스도라는 생명의 빵에 의해 채워졌습니다. 예수께 나아가고, 예수께서 찾아오시고, 주님과 대화하고 주님과 부딪히다 보니 어느새 그분께서 이 텅 빈 이야기들을 가득 찬 이야기로 바꾸어 놓으셨습니다.

여전히 우리는 고통의 시간, 텅 빈 시간을 보내고 있을 수 있습니다. 여전히 이 땅의 교회는 슬픈 신음을 내야 하는 시간을 더 보낼 수 있습니다. 그러나 그 어느 때건 우리는 주님의 오심을 소망할 수 있습니다. 그분이 오셔서 손을 펼치시면, 그때에 우리의 모든 일상이 주를 노래하는 일상이 될 수 있음을, 우리의 작은 삶과 작은 노력들이 영원하신 그분의 나라와 연결되어 있음을 확인할 날을 볼 것입니다. 그날까지 쉼 없이 주와 함께 아름답게 채워 가시기를 바랍니다. 주께서 우리의 텅 빈 것을 채우실 것입니다.

읽는 설교 룻기

초판 발행	2015년 11월 10일
초판 5쇄	2024년 1월 25일
지은이	조영민
발행인	손창남
발행처	(주)죠이북스(등록 2022. 12. 27. 제2022-000070호)
주소	02576 서울시 동대문구 왕산로19바길 33, 1층
전화	(02) 925-0451 (대표 전화)
	(02) 929-3655 (영업팀)
팩스	(02) 923-3016
인쇄소	송현문화
판권소유	ⓒ(주)죠이북스
ISBN	979-11-93507-06-3 03230

책값은 뒤표지에 있습니다.
잘못된 도서는 교환하여 드립니다.
이 책 내용을 허락 없이 옮겨 사용할 수 없습니다.